IM FOKUS GOETHES GARTENHAUS

KLASSIK
STIFTUNG
WEIMAR

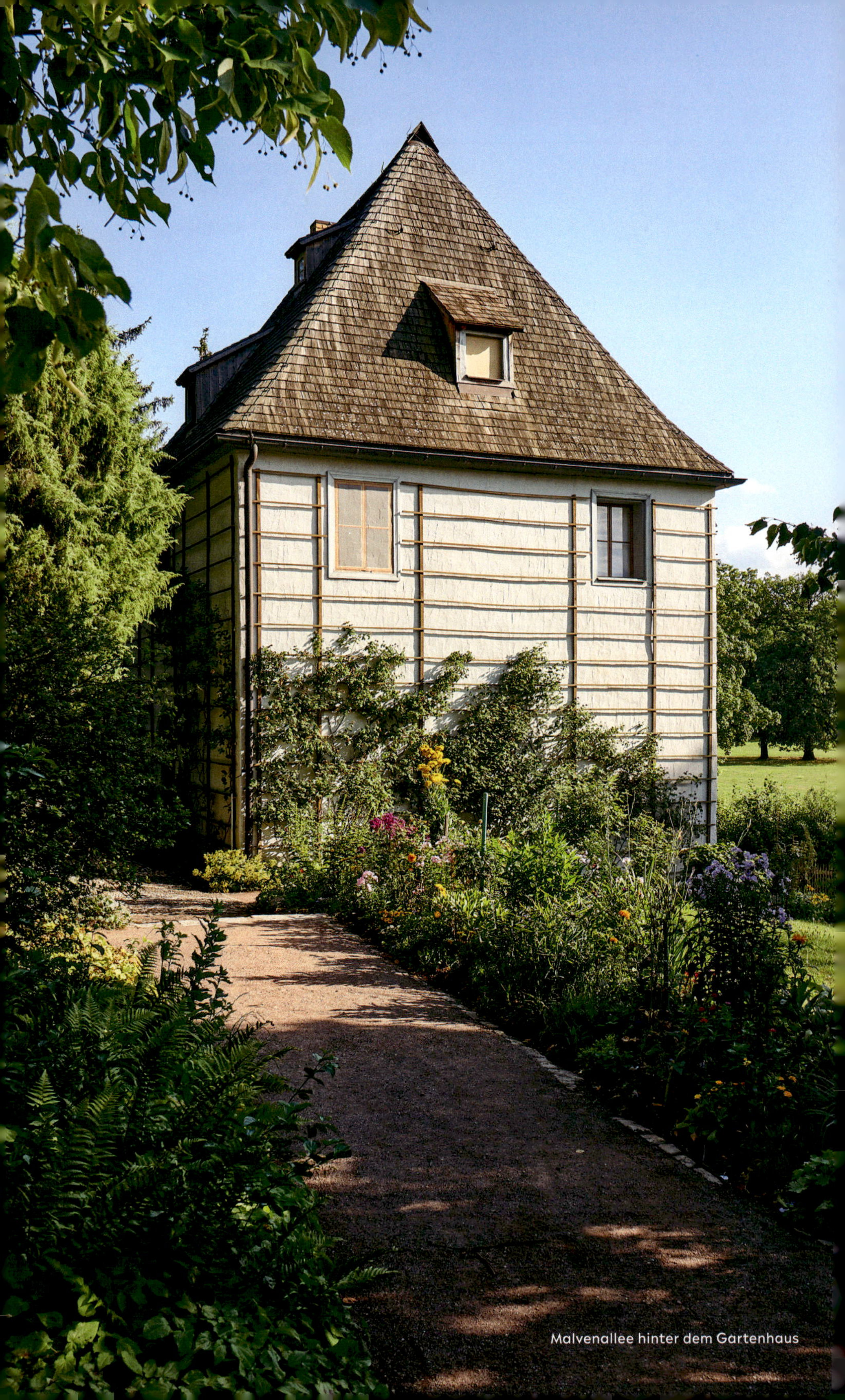

Malvenallee hinter dem Gartenhaus

GOETHES GARTENHAUS

Herausgegeben von der Klassik Stiftung Weimar

Mit Beiträgen von
Jutta Eckle, Boris Roman Gibhardt, Ariane Ludwig,
Petra Lutz, Christoph Orth, Elke Richter,
Alexander Rosenbaum, Thomas Schmuck,
Angelika Schneider, Diana Stört

Deutscher Kunstverlag

KLASSIK STIFTUNG WEIMAR

INHALT

VORWORT

Goethes Gartenhaus gehört zu den bekanntesten Plätzen der Weltliteratur. Ein Grund dafür liegt sicherlich darin, dass sich Goethes Biographie mit diesem Ort so eng verbunden hat. In der Rückschau beschrieb der über 70-Jährige das Gartenhaus sogar als eine Art Symbol seines Lebens. Zu dieser engen persönlichen Bindung gehört, dass nicht nur Goethe den Ort, sondern dieser auch seinen Bewohner geprägt hat. Denn als der junge Autor 1775 nach Weimar kam, lag ein urbanes Studentenleben hinter ihm – Frankfurt am Main, Leipzig, Straßburg waren die Etappen. Im Vergleich hierzu war das außerhalb der relativ bescheidenen Residenzstadt gelegene Anwesen mit seinem freien Blick über ausgedehnte Heuwiesen und Schafweiden eine andere Welt.

Goethe wählte mit der Entscheidung für dieses Haus zugleich einen Lebensstil, der ihn vielfach prägte. Gegen Ende seines Lebens, im Gespräch mit Frédéric Soret am 17. Februar 1832, erklärte Goethe, dass nicht er sich zu dem gemacht habe, was er wurde, sondern dass sein ‚Ich' geradezu ein „être collectif" sei, ein aus vielen Einflüssen hervorgegangenes Wesen.

Auch das eher schlichte Haus inmitten der Natur könnte als ein Akteur gelten, der Goethe geformt hat. Noch heute kann man hier etwas von der besonderen Atmosphäre spüren, die immer wieder gerühmt wurde. So zum Beispiel von Johann Peter Eckermann, der am 22. März 1824 gemeinsam mit dem 75-jährigen Goethe bei einem Spaziergang das Gartenhaus besuchte. Eckermann berichtet weniger, was er dort sah, sondern eher, was er hörte: Stille unter den Eichen, fernes Schlagen der Turmuhr, Vogelgesang. Erst danach kommt Goethe ins Spiel: Man sprach, so Eckermann, über literarische Neuerscheinungen, über die Unendlichkeit der Natur, über Barometerstände. Eckermann verwies damit auf die enge Verbindung von Goethes universellem Denken und der Umgebung: Als würde ein sinnesgeschärfter Besuch an diesem Ort ausreichen, um in Goethes Denken und Fühlen einzutauchen.

Fast scheint es also, als empfehle uns Eckermann das Gartenhaus als eine Verständnisbrücke zu dem Dichter und Menschen Goethe. Einer derartigen Einladung zu folgen, ist bis heute für viele reizvoll. Zugleich beginnt jedoch mit dieser Art von Erzählungen eine Inszenierung: Ob sich das Gespräch so zugetragen hat, wie es der Literat Eckermann wiedergibt, wissen wir nicht. Und ob der besondere Ort wirklich an Goethes Gedichten ‚mitgeschrieben' hat, natürlich auch nicht.

Goethe im Gartenhaus – das ist bei aller verbürgten Geschichte auch ein Mythos. Es sind vor allem die Schriftstellerinnen und Schriftsteller, die diesen Ort immer wieder besucht, beschrieben und als Inspiration genutzt haben, wenn auch auf ganz verschiedene Weise. Schon kurz nach Goethes Tod kürte die Romantikerin Bettina von Arnim in ihrem Buch *Goethes Briefwechsel mit einem Kinde* Garten und Gartenhaus zur Kultstätte. Mitte des 19. Jahrhunderts nahm der Romanautor Adalbert Stifter in seinem Werk *Der Nachsommer* Goethes Gartenhaus als Vorbild für das sogenannte Rosenhaus, einen Ort der Bildung und der Harmonie. Im frühen beziehungsweise mittleren 20. Jahrhundert besuchten Schriftsteller wie Franz Kafka und Thomas Mann das Gartenhaus. Zuletzt haben Schweizer Autoren auf völlig unterschiedliche Weise den ganz privaten, erotisch verstrickten Goethe im Gartenhaus imaginiert, Adolf Muschg in *Der weiße Freitag* und Christoph Geiser in *Das Gefängnis der Wünsche*.

Diese literarisch geprägte Rezeptionsgeschichte ist kein Zufall. Die Zeit Goethes im Gartenhaus markiert einen Start- und Ankerpunkt der modernen deutschsprachigen Literatur. Als Goethe nach Weimar kam, waren Literatur und Kunst noch in die höfische Welt eingebunden. Auch Goethe schrieb im Gartenhaus Stücke zur Unterhaltung der Hofgesellschaft. Zugleich vermischten sich jedoch in seinem Garten die Einflusssphären von Adel und Bürgertum. Mit Goethe gewannen Literatur, Sprache und engagierte Intellektualität an Gewicht.

Nicht zuletzt aus diesem Grund stellt der vorliegende Band die Literatur in den Mittelpunkt. Poesie und (gestaltete) Natur verbinden sich in Goethes Gartenhaus auf einzigartige Weise. Dieser Produktivität gehen die Autorinnen und Autoren des Bandes am Beispiel von Goethes Gedichten aus dem ersten Weimarer Jahrzehnt und an seiner späteren, noch aus der Gartenhauszeit schöpfenden Naturlyrik nach. Auch Goethes Briefwechsel mit Charlotte von Stein, der zu den außergewöhnlichsten der Weltliteratur zählt, wird thematisiert. Weitere Beiträge sind Goethes Gestaltung seines ersten eigenen Gartens sowie seinen botanischen Forschungen und den frühen Zeichnungen gewidmet. Exkurse zu Goethes Anfängen als Sammler sowie zu seinem praktischen Umgang mit Dingen und Objekten im Gartenhaus runden das Bild ab. Darüber hinaus spielen spätere museale Inszenierungen des Gartenhauses und die damit verbundene Mythenbildung eine Rolle, denn nur mit Blick auf die wechselvolle Rezeptionsgeschichte lässt sich fragen, wie dieses Dichterhaus in Zukunft präsentiert und vermittelt werden sollte.

Dem Zusammenspiel aus literarischem Schaffen und Naturbezügen folgen auch die Auszüge aus Goethes Werken, die den jeweiligen Beiträgen zugeordnet sind. Sie zeigen Goethe als Dramatiker, Lyriker und Epiker, aber ebenso als Forscher, Staatsmann und nicht zuletzt als Chronisten seiner selbst.

Der Band soll Einblicke in Geschichte und Gegenwart des berühmten Ortes geben. Auf ausgewählte Aspekte konzentriert, bündelt er aktuelle, wissenschaftliche Kenntnisse zu Goethe und seinem Gartenhaus. Eckermanns Einladung, Goethes Werken an ihren Entstehungsorten nachzuspüren, wird damit gewissermaßen erneuert.

Die vielschichtige Historie des Ortes begründet zugleich den Auftrag an die Gegenwart, Haus und Garten in klimatisch veränderten Zeiten auch für die Zukunft zu bewahren. Diese Aufgabe wird hoffentlich immer wieder Gelegenheit bieten, konstruktiv danach zu fragen, ob uns Goethes früher Weimarer

Selbstentwurf, sein Leben und Arbeiten inmitten der Natur, 250 Jahre später nicht noch oder wieder zu denken geben kann.

Für die Entstehung dieses Bandes gebührt den zahlreichen Kollegen und Kolleginnen der Klassik Stiftung, vorrangig aus der Direktion Museen und dem Goethe- und Schiller-Archiv, aber auch externen Fachwissenschaftlerinnen und -wissenschaftlern, die hier intensiv zusammengearbeitet haben, großer Dank.

Boris Roman Gibhardt

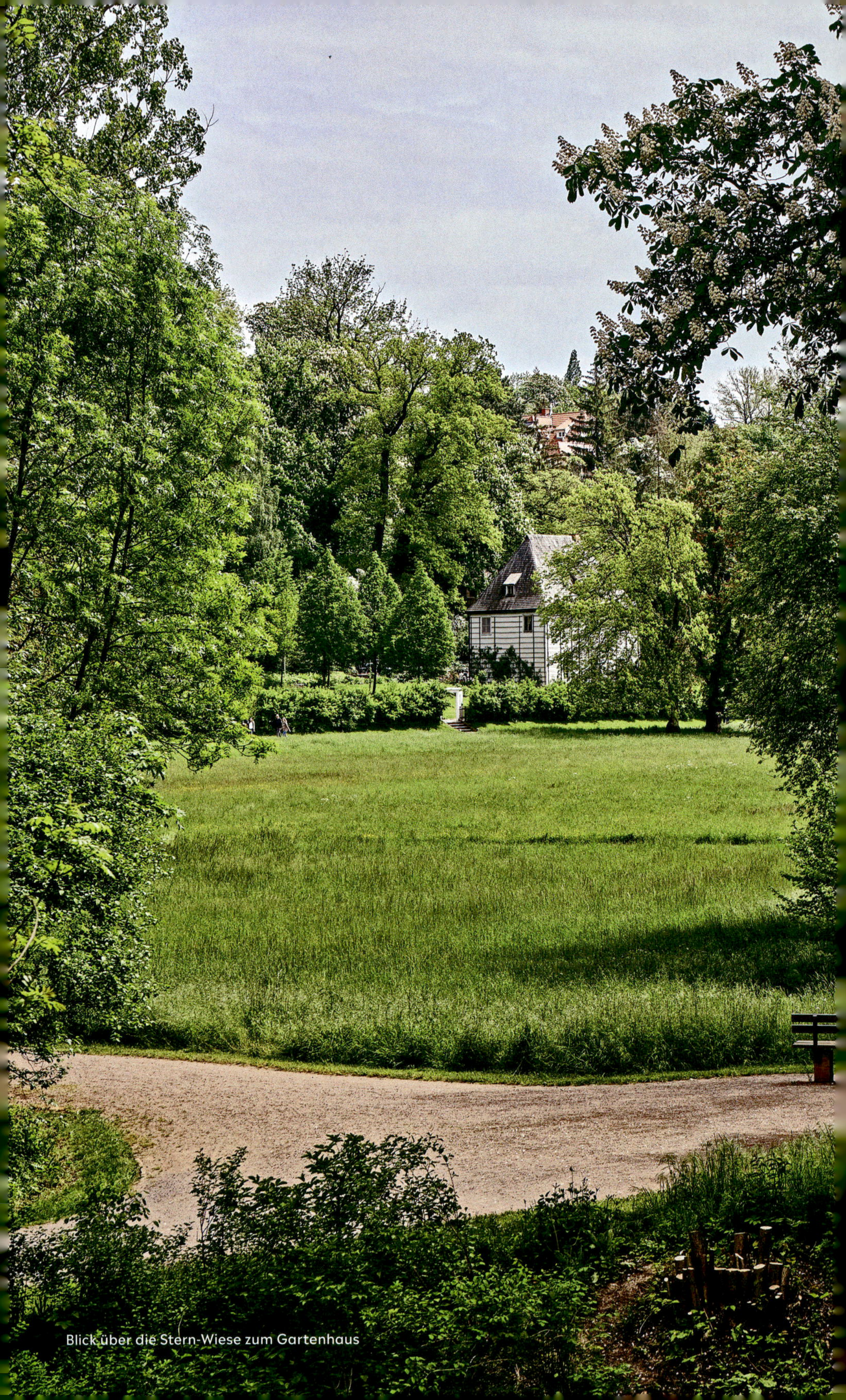

Blick über die Stern-Wiese zum Gartenhaus

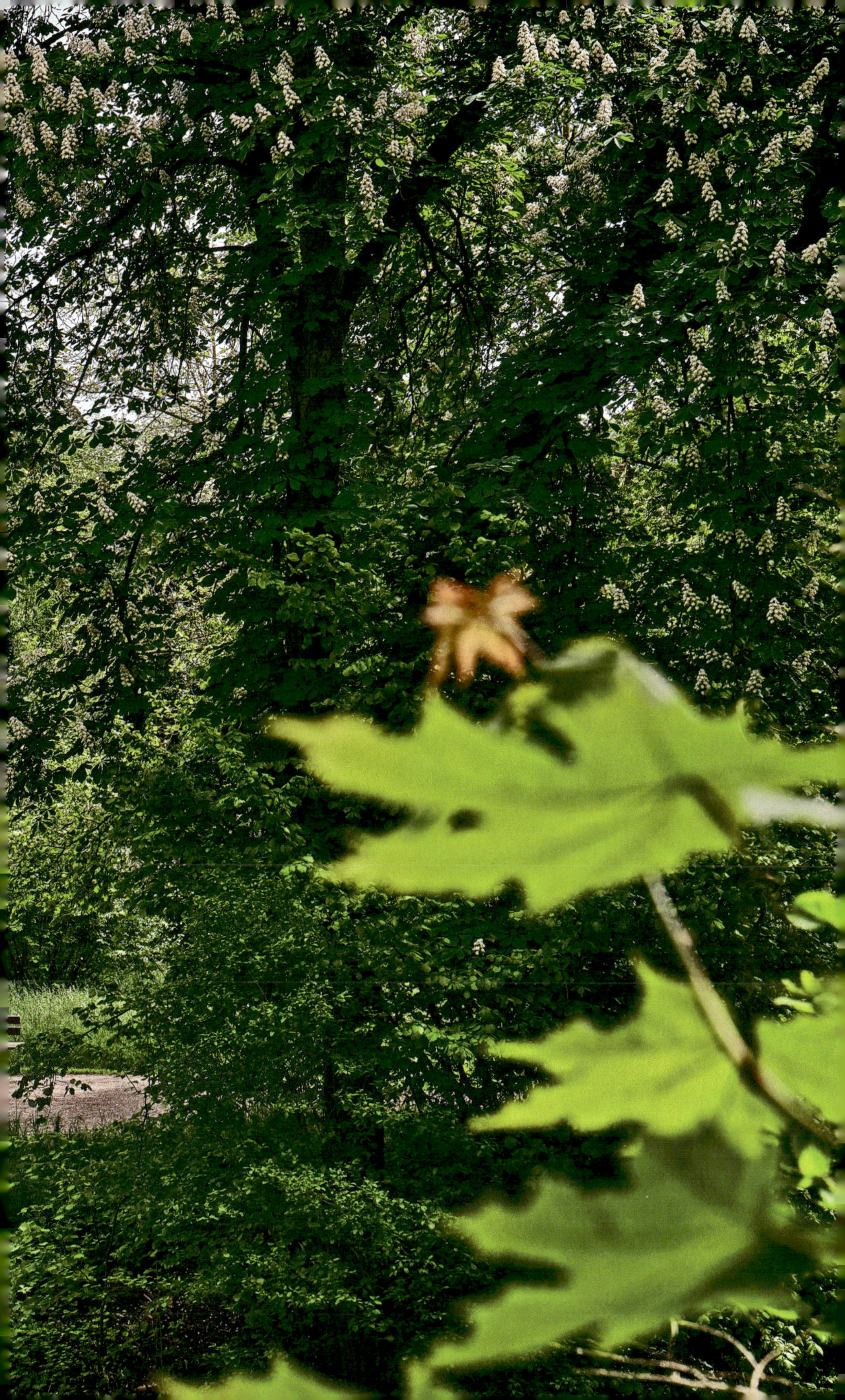

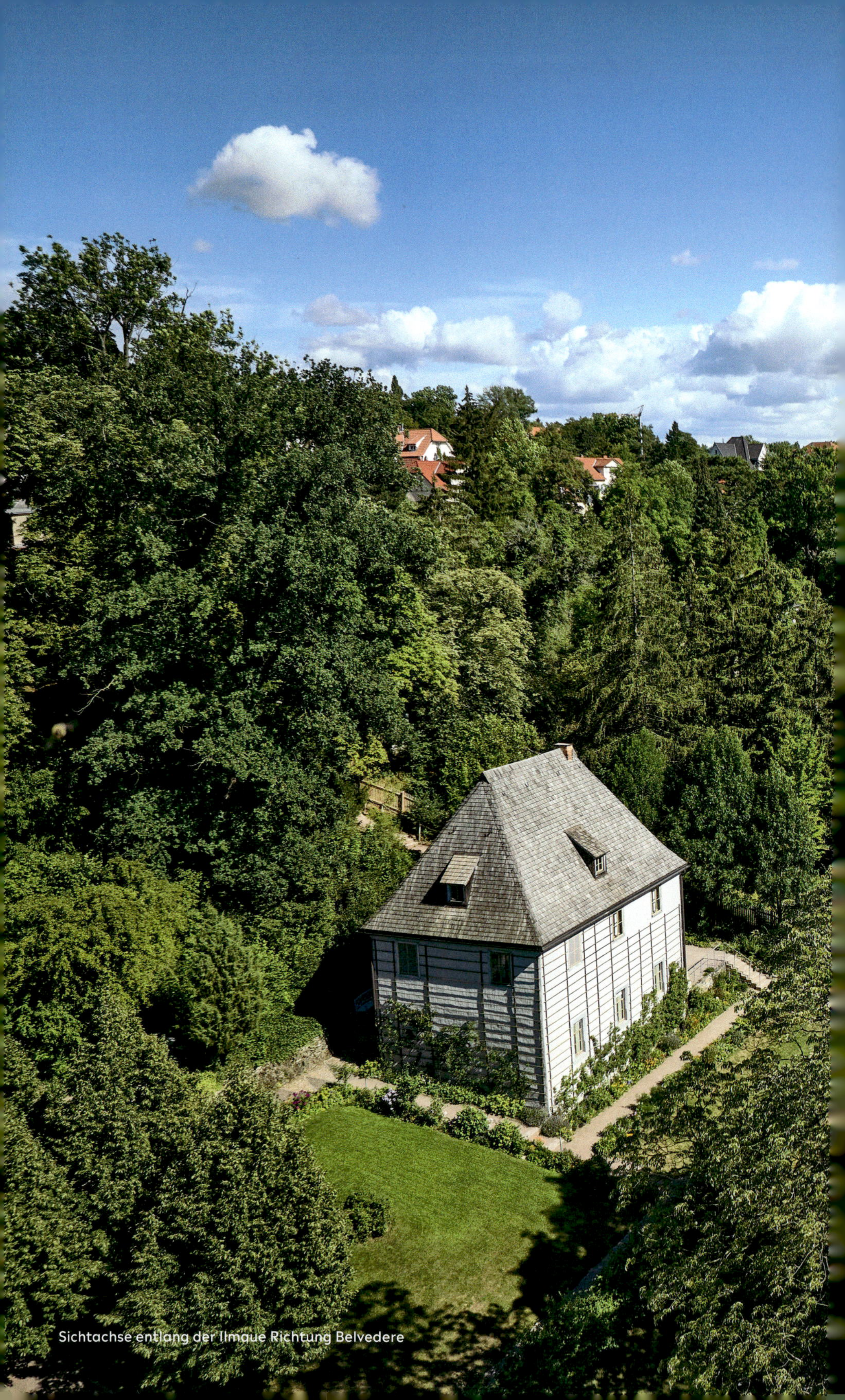

Sichtachse entlang der Ilmaue Richtung Belvedere

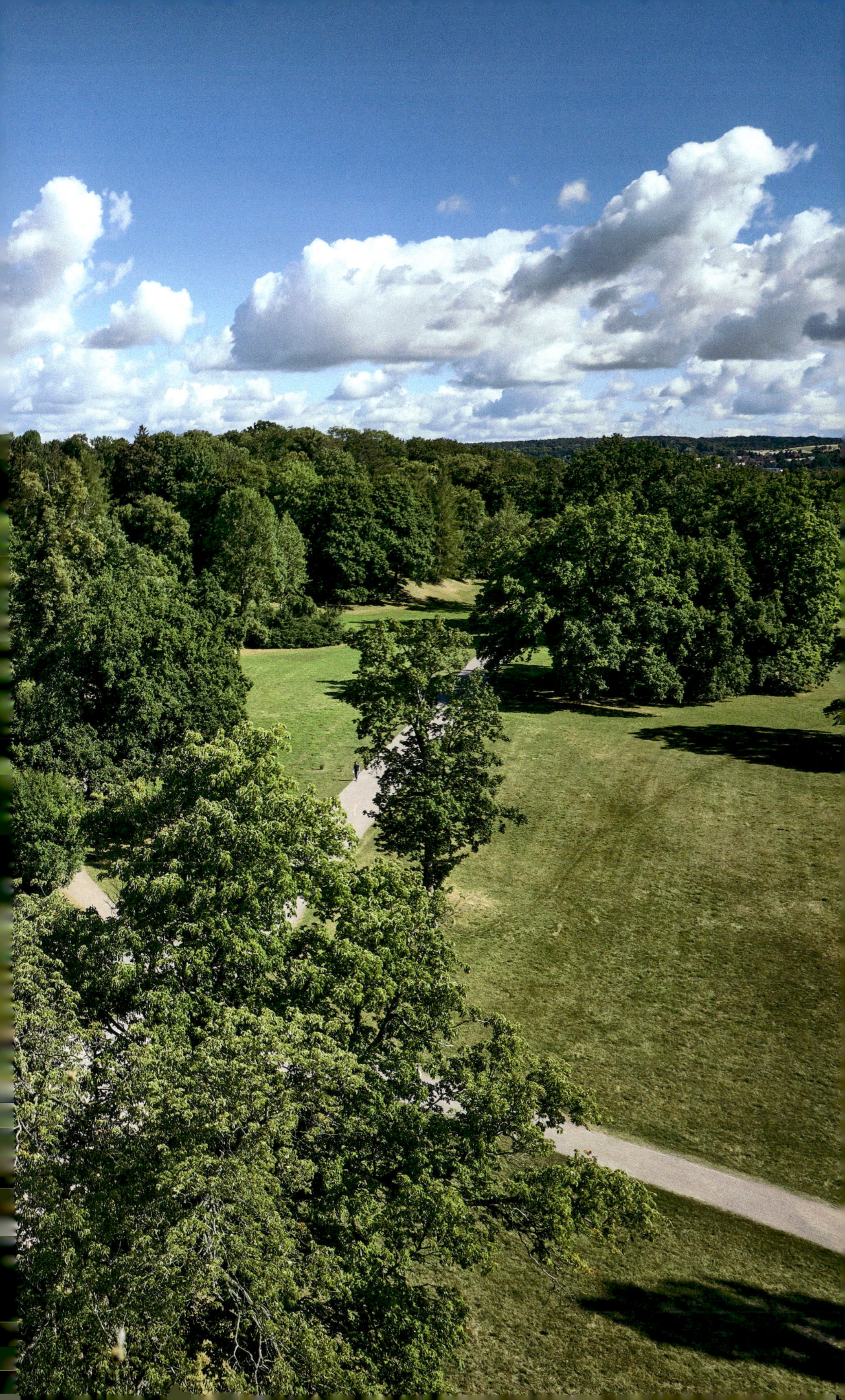

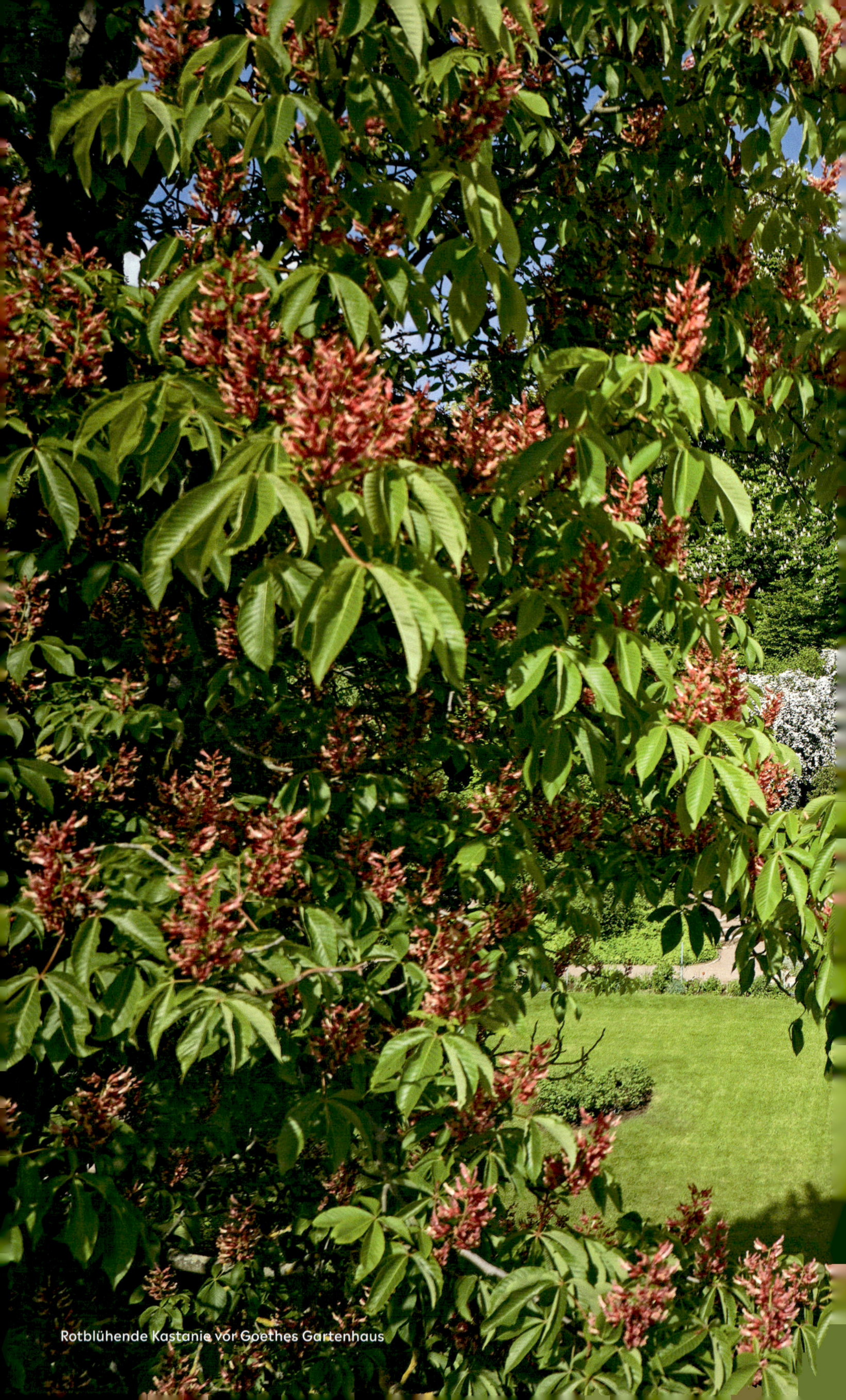

Rotblühende Kastanie vor Goethes Gartenhaus

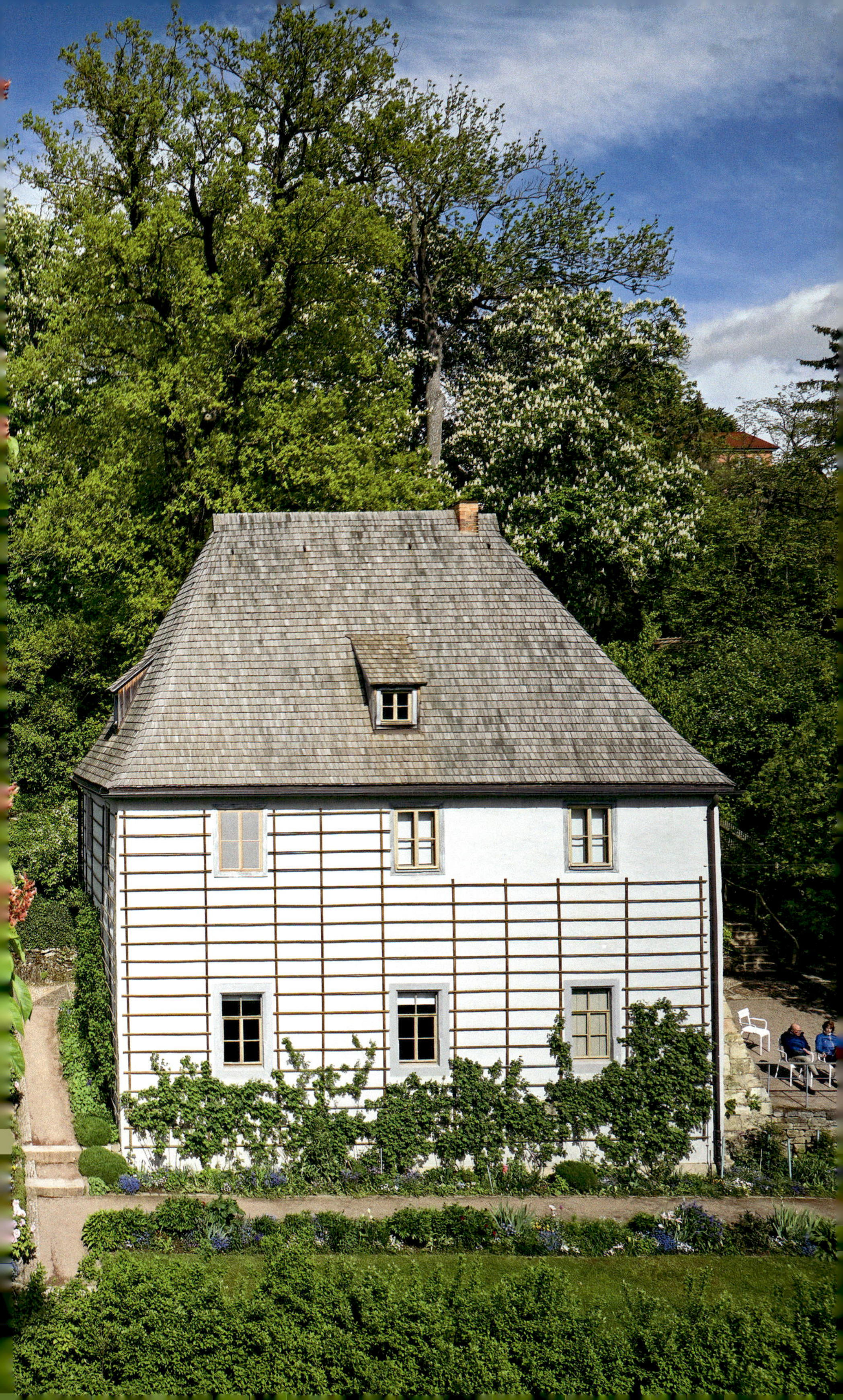

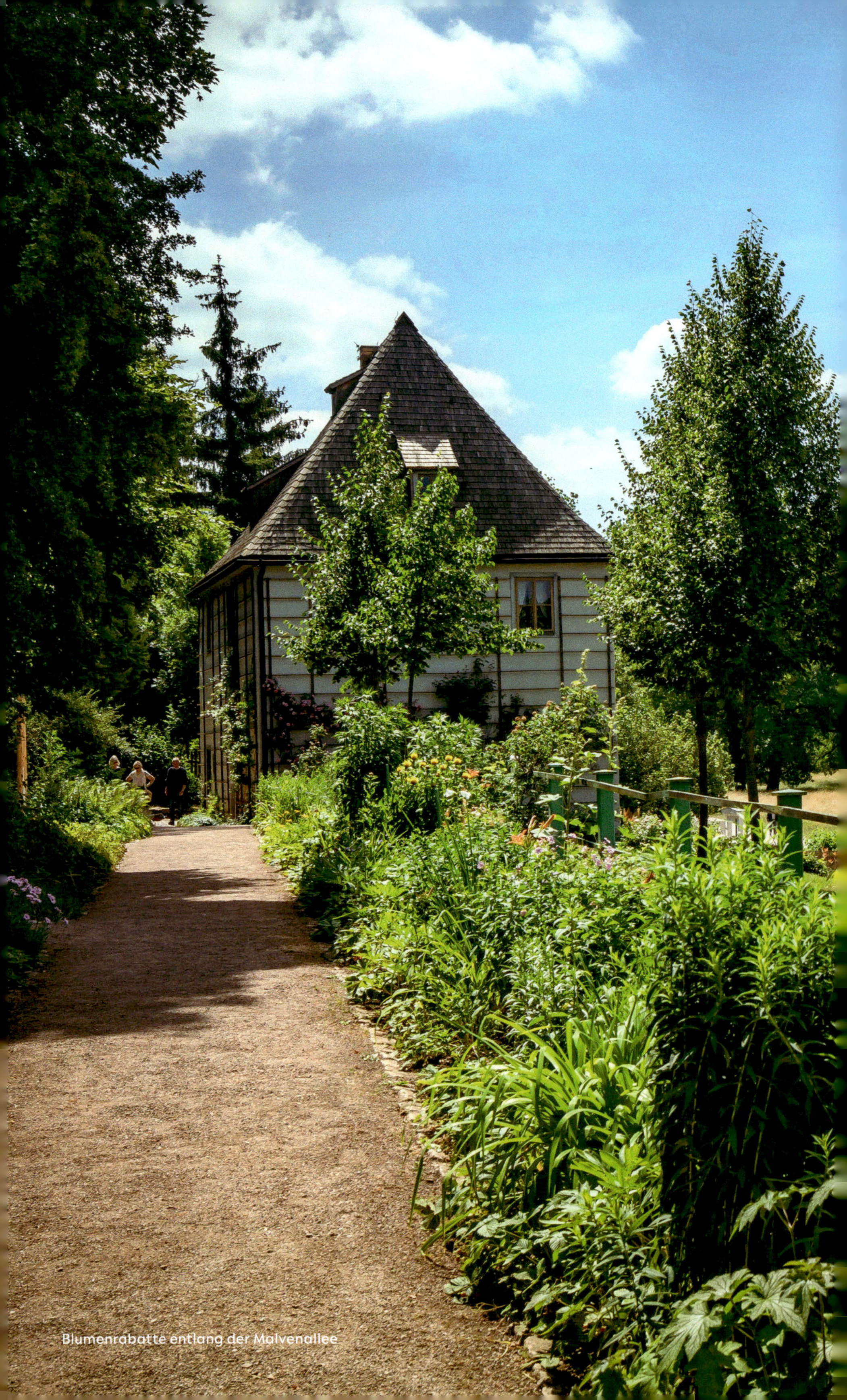

Blumenrabatte entlang der Malvenallee

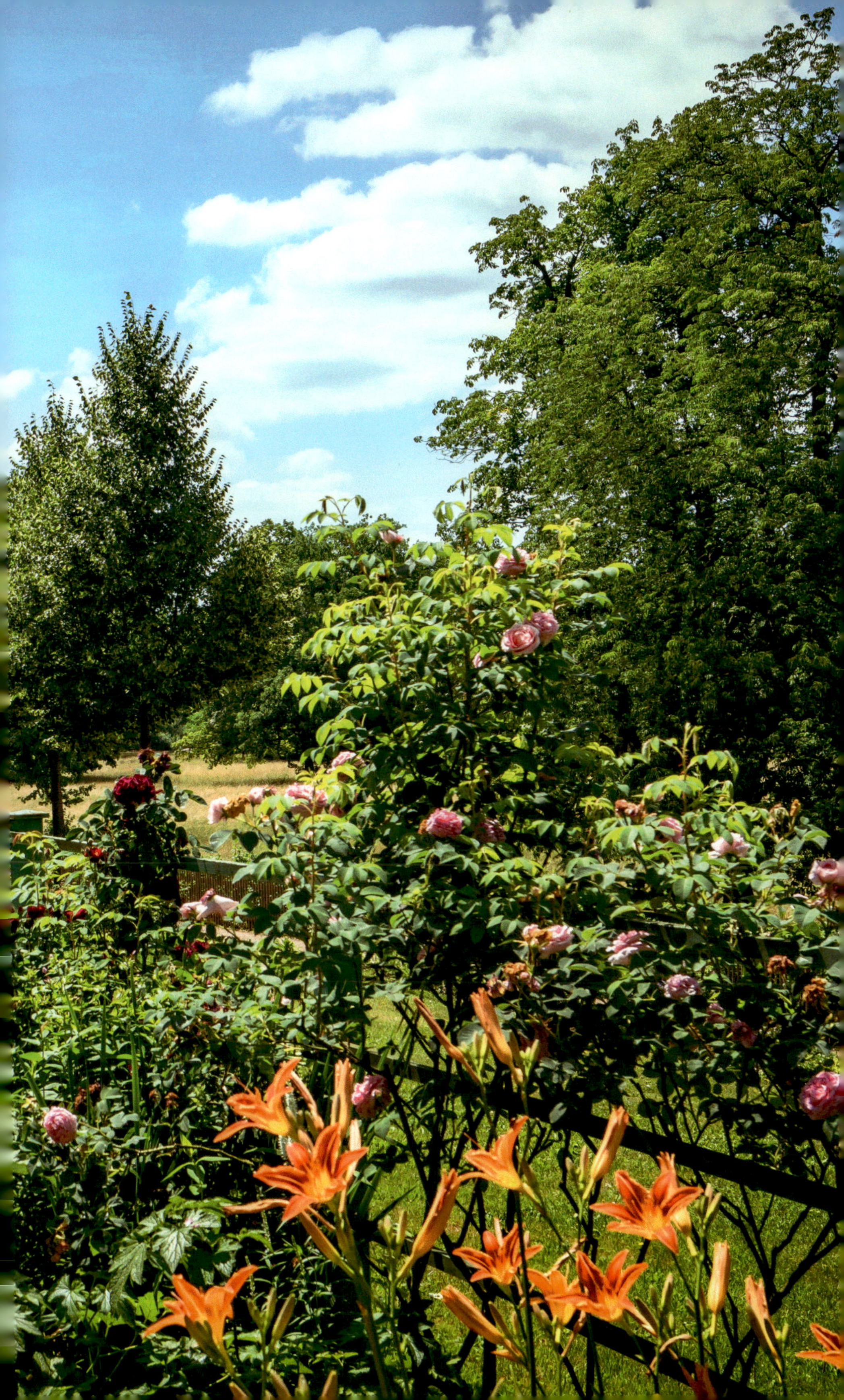

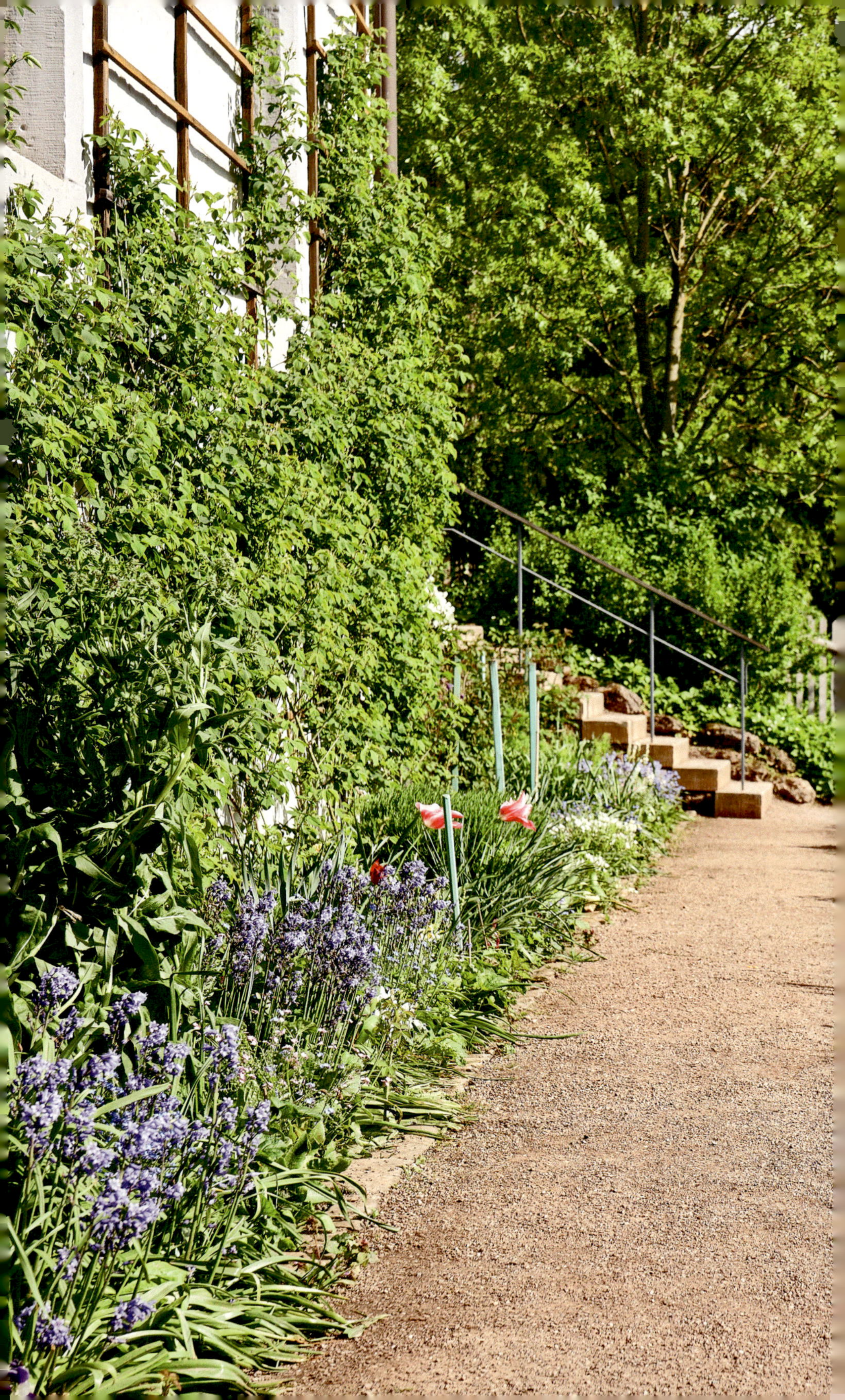

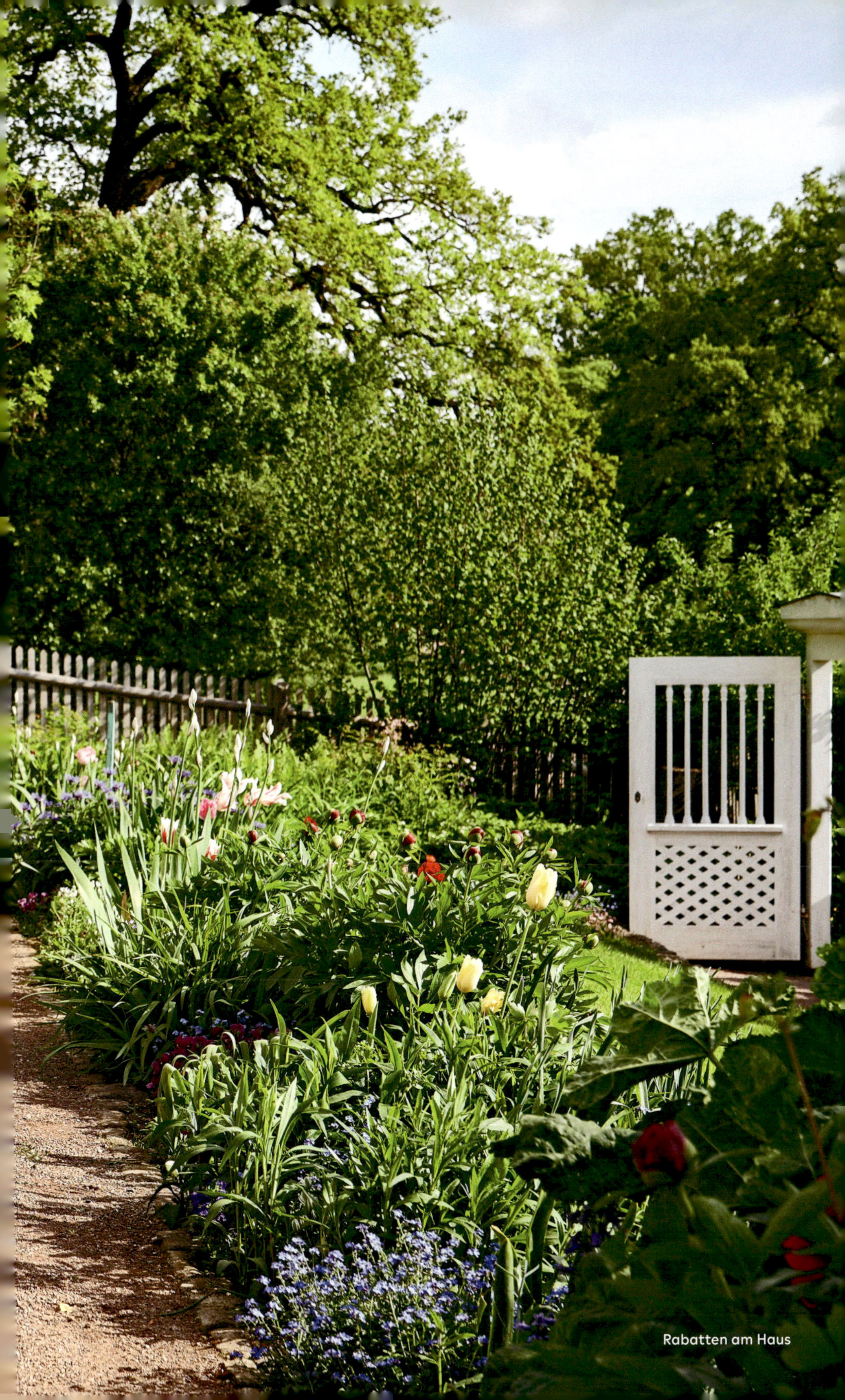

Rabatten am Haus

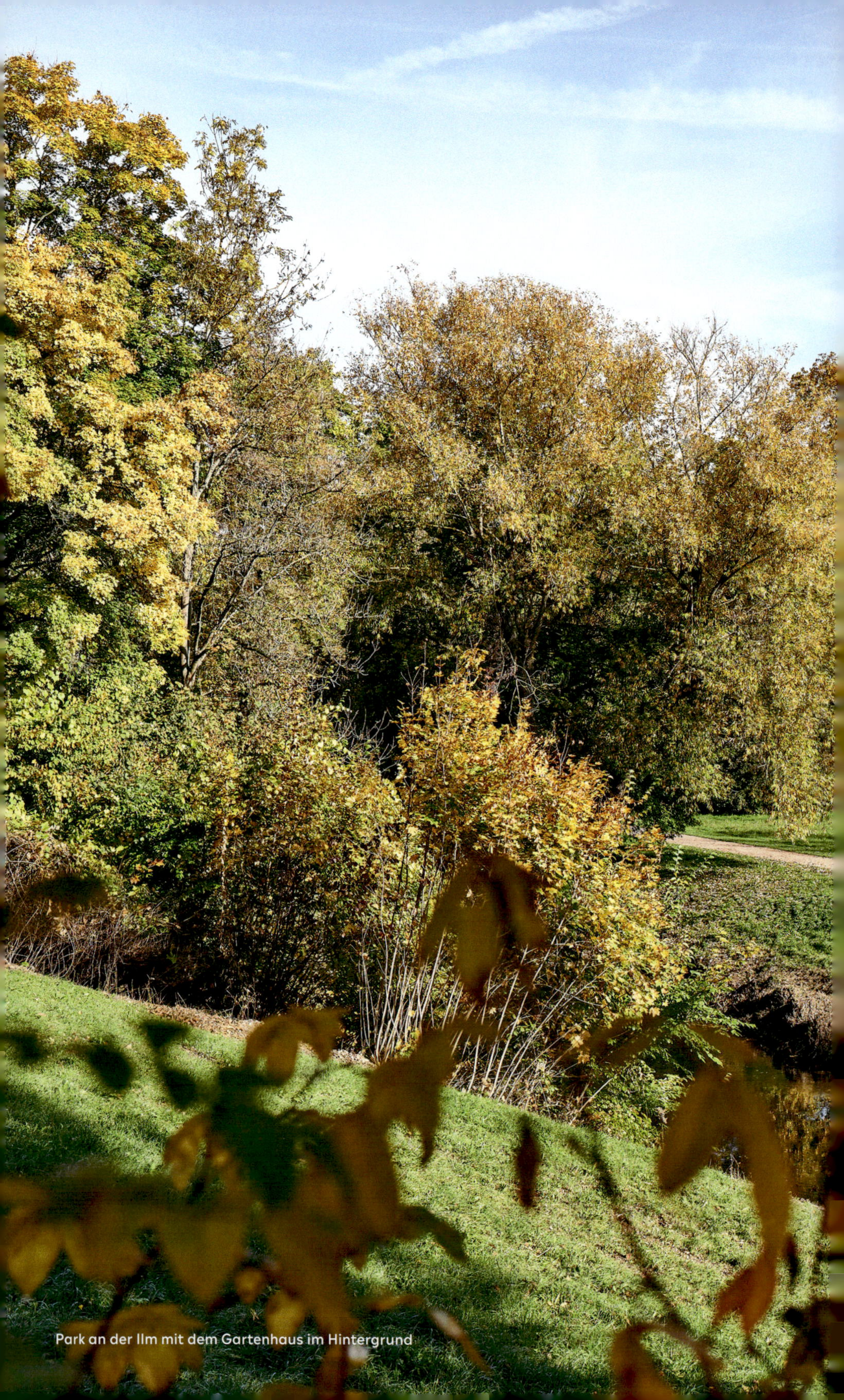

Park an der Ilm mit dem Gartenhaus im Hintergrund

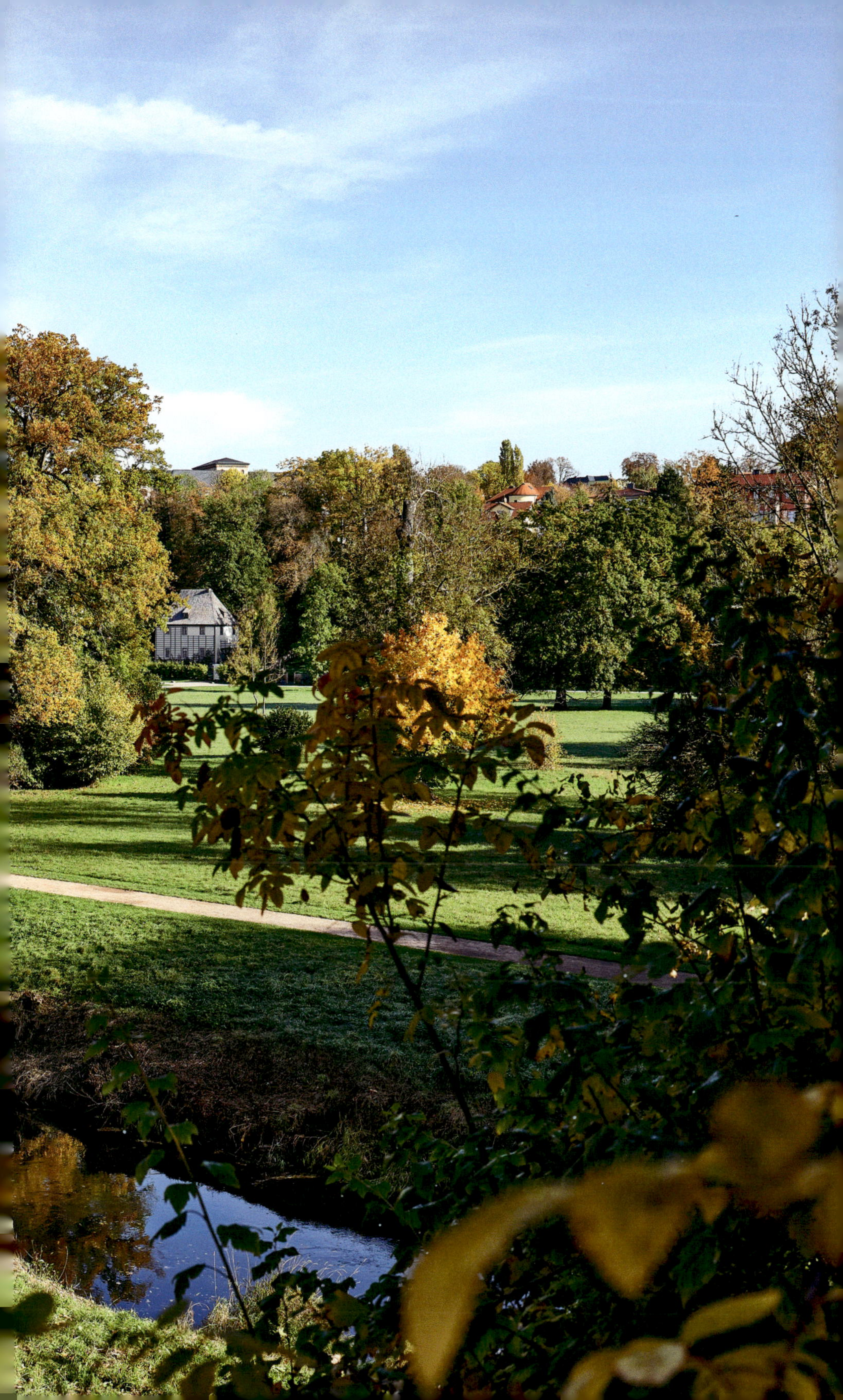

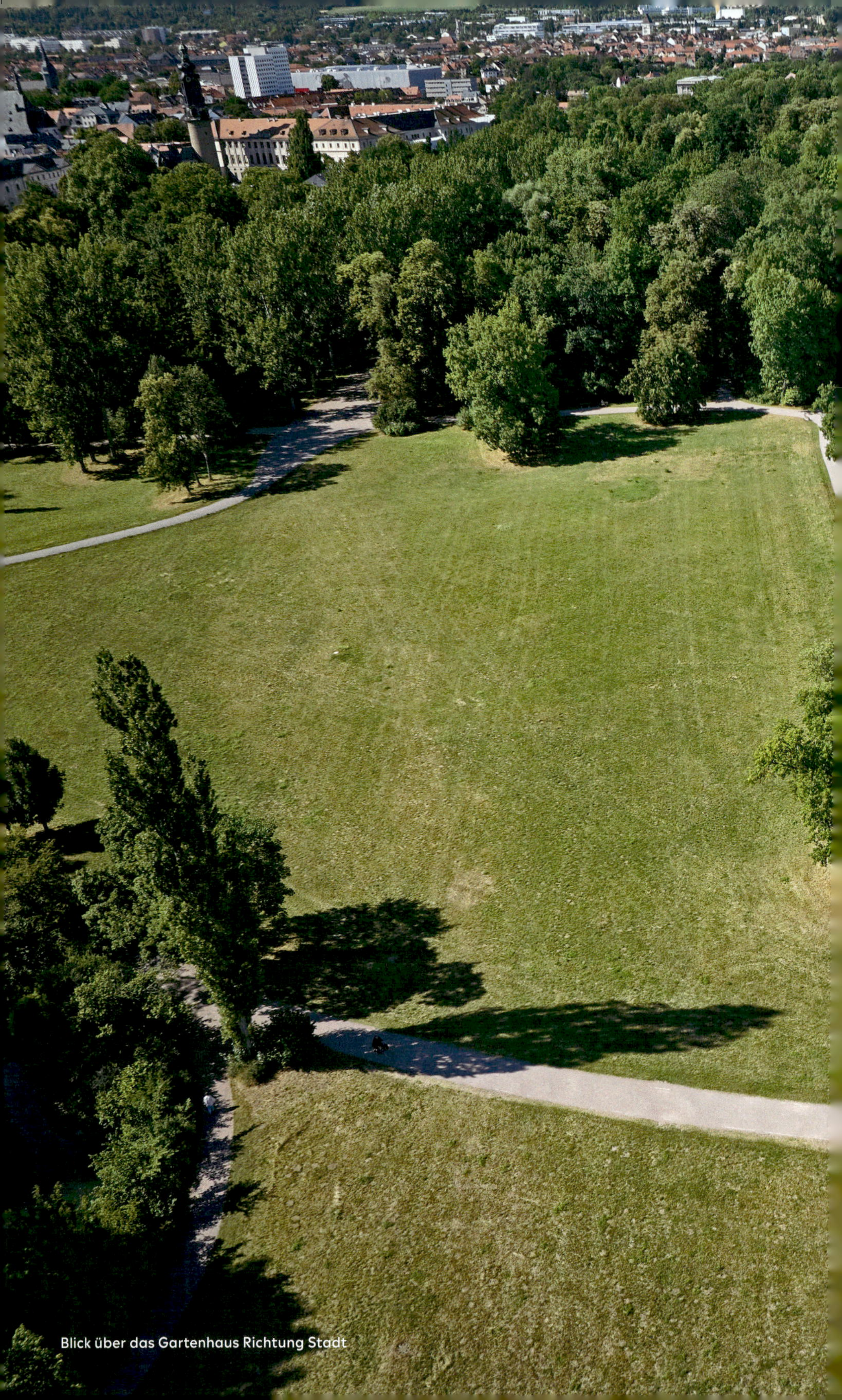

Blick über das Gartenhaus Richtung Stadt

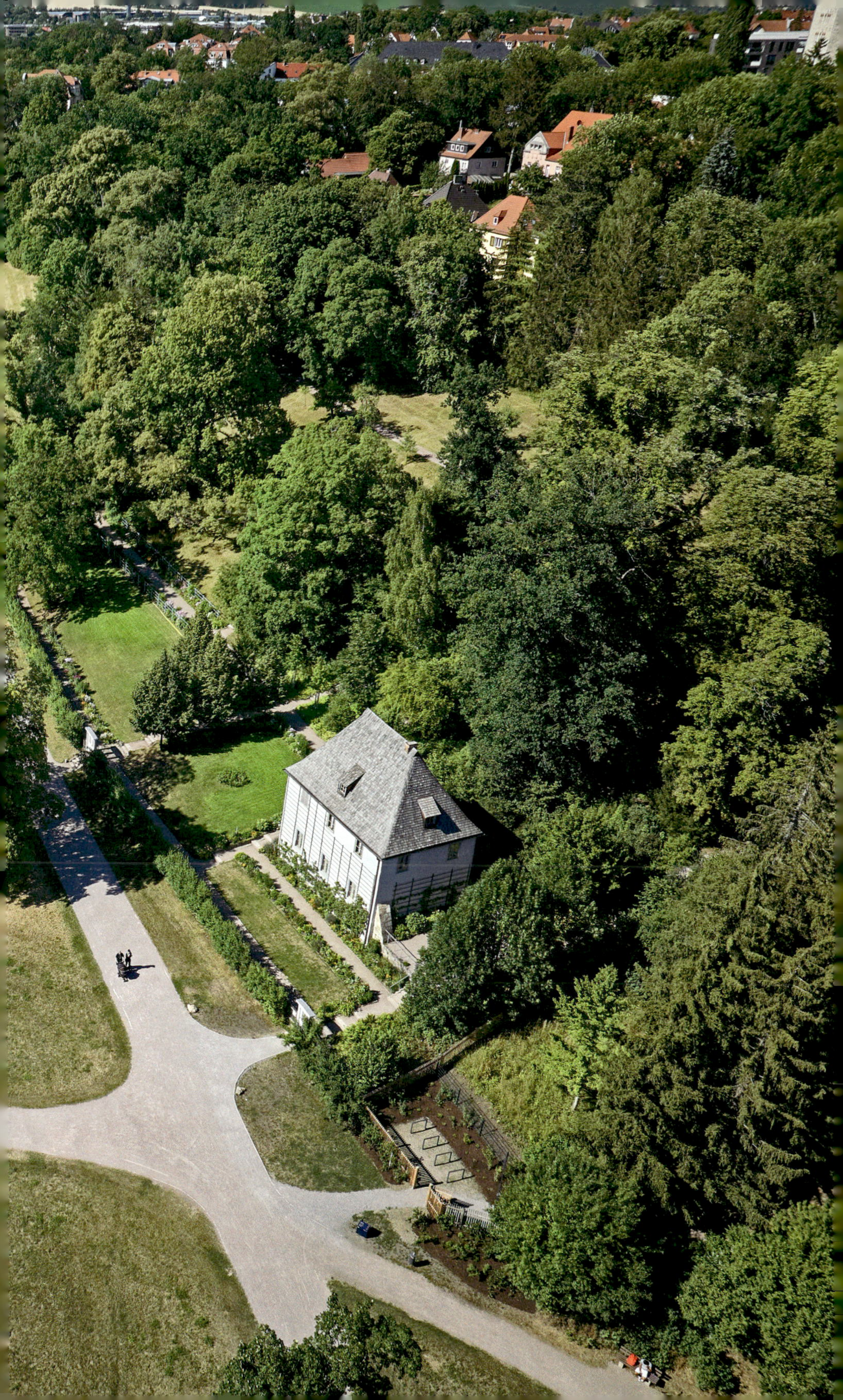

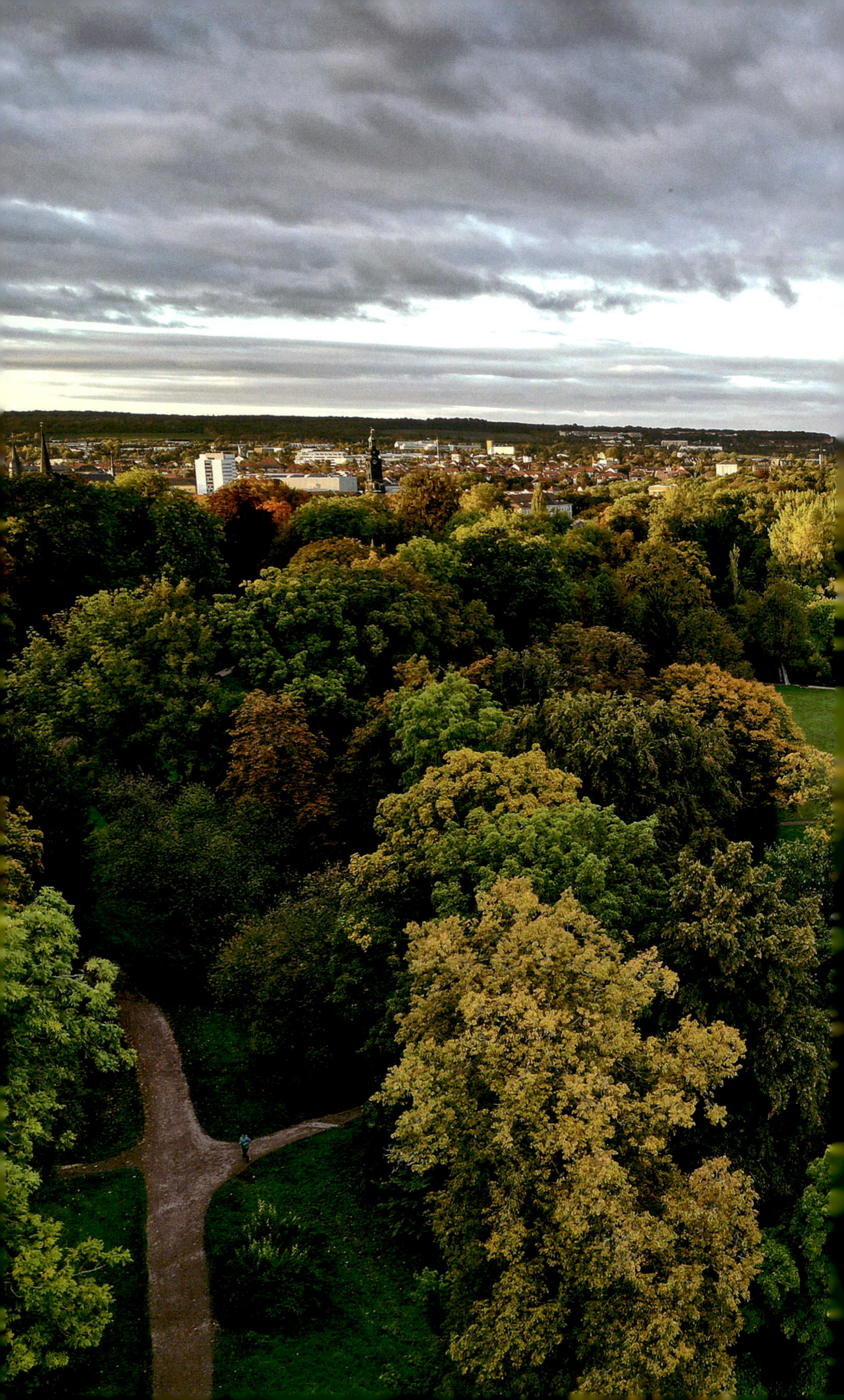

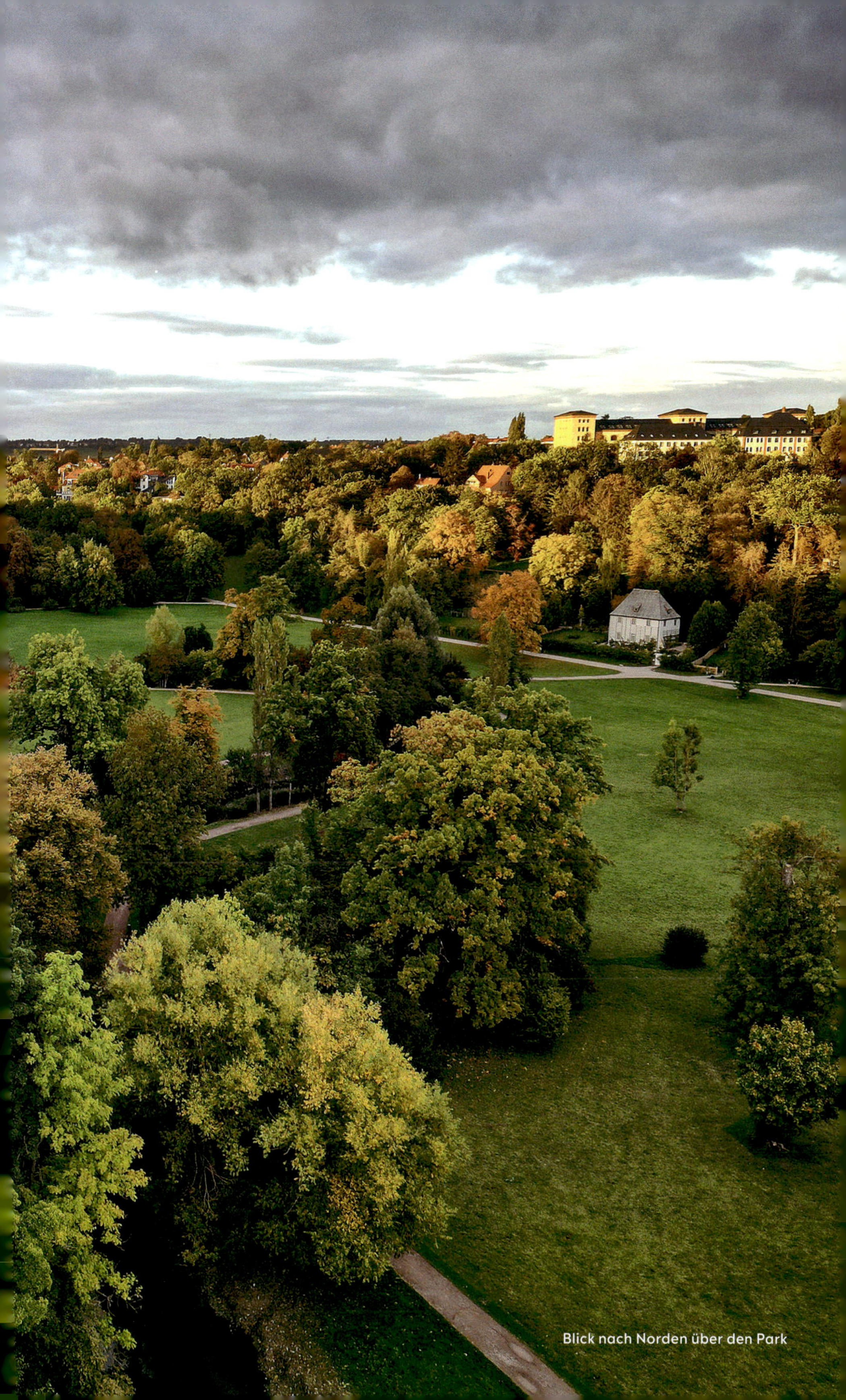

Blick nach Norden über den Park

GOETHE UND SEIN GARTENHAUS

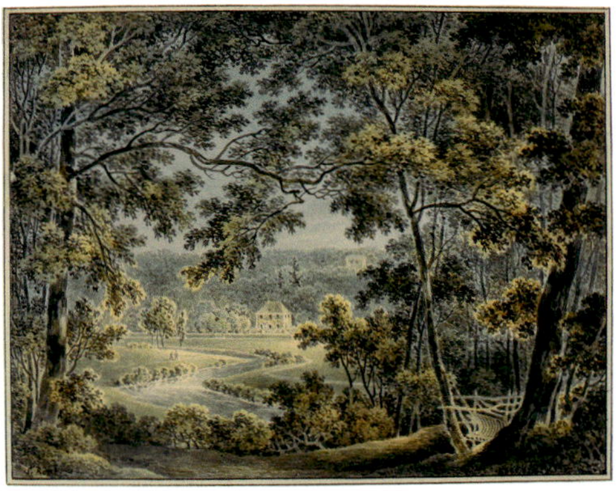

Abb. 1 | Johann Gottlob Samuel Rösel, Goethes Gartenhaus, 1828

Kaum ein Ort, an dem Schriftsteller oder Künstler lebten, wurde so oft im Bild dargestellt wie Goethes Gartenhaus (Abb. 1). Und kein anderer Ort steht in vergleichbarer Weise für den Beginn von Goethes literarischem Schaffen in Weimar. Hier entstanden die berühmten Werke des ersten Weimarer Jahrzehnts, hier fand Goethe zu seiner Selbstvergewisserung als Naturforscher. Aber hier rang er auch über Jahre um seine Doppelrolle als Dichter und als Beamter im Staatsdienst. Mit dem 100 Hektar großen Grundstück, das Goethe 1776 als sein erstes Eigentum in Besitz nahm, verband sich der Entschluss, länger in Weimar zu bleiben. Daraus wurden 56 Jahre, in denen er bis zu seinem Tod 1832 immer wieder in seinen Garten zurückkehrte.

Goethe im Gartenhaus – diese Konstellation wurde schon zu Lebzeiten des Dichters eine Art Mythos. Von jeher wurde die Dichtkunst mit idyllischen Plätzen im Grünen, an denen man nachdenken und träumen konnte, assoziiert. Die literarisch Gebildeten dieser Zeit wussten, dass der römische Dichter Horaz ein Landgut bei Tivoli in den Sabiner Bergen besaß oder dass sich der italienische Dichter Petrarca gern in sein Haus in der Provence zurückgezogen hat. Dass das Gartenhaus in der europäischen Geistesgeschichte einmal einen ähnlichen Rang einnehmen würde wie die Dichter-Refugien der Antike und Früh-

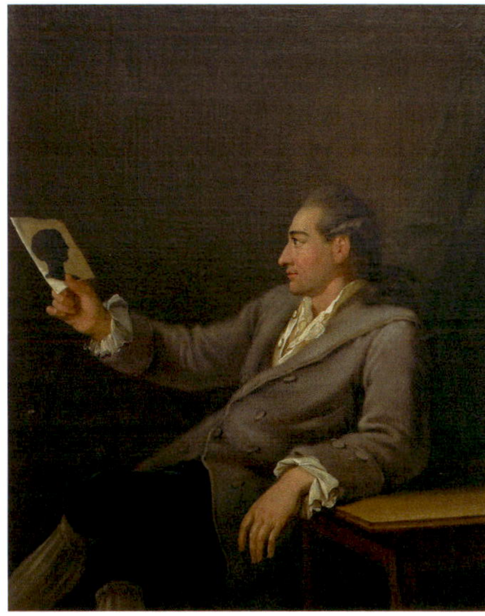

renaissance, hatte beim Einzug des neuen Hausherrn jedoch wohl niemand geahnt. Im Jahr 1776 war es, äußerlich betrachtet, lediglich ein junger Erfolgsautor, der just mit seinem Theaterstück *Götz von Berlichingen* (1773) und seinem Romanerstling *Die Leiden des jungen Werthers* (1774) deutschlandweit für Furore gesorgt hatte, der sich hier niederließ (Abb. 2). Das Anwesen lag vor den Toren der Stadt, am Rand der sich ab 1778 immer weiter ausdehnenden Parkanlage in der Ilmaue. Im Zuge der Jahrzehnte währenden Gestaltung, auf die auch Goethe Einfluss nahm, wurden allmählich Denkmäler, Verweilplätze mit Sinnsprüchen sowie Antiken-Zitate hinzugefügt, die ein unvergleichliches literarisches Ambiente erzeugten. Für die Zeitgenossen waren literarische und geschichtliche Assoziationen nichts Ungewöhnliches, wenn es darum ging, Empfindungen in der Natur auszudrücken und zu stimulieren. Inmitten dieser Atmosphäre zu wohnen, wie Goethe in seinem Garten, war hingegen schon damals etwas Besonderes. Diese Idee eines Wohnorts inmitten von Natur und poetischer Stimmung zieht bis heute Gäste aus aller Welt an (Abb. 3).

Abb. 2 | Georg Melchior Kraus, Johann Wolfgang Goethe, 1775/76

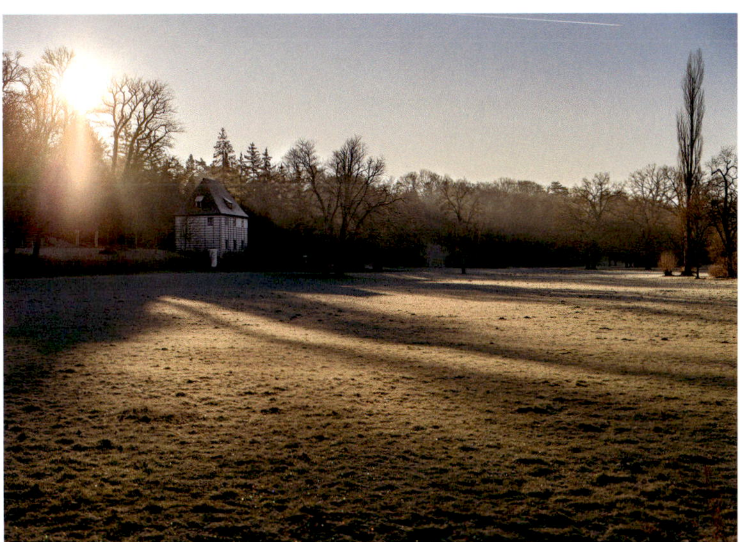

Abb. 3 | Blick über die Parkwiese zum Gartenhaus

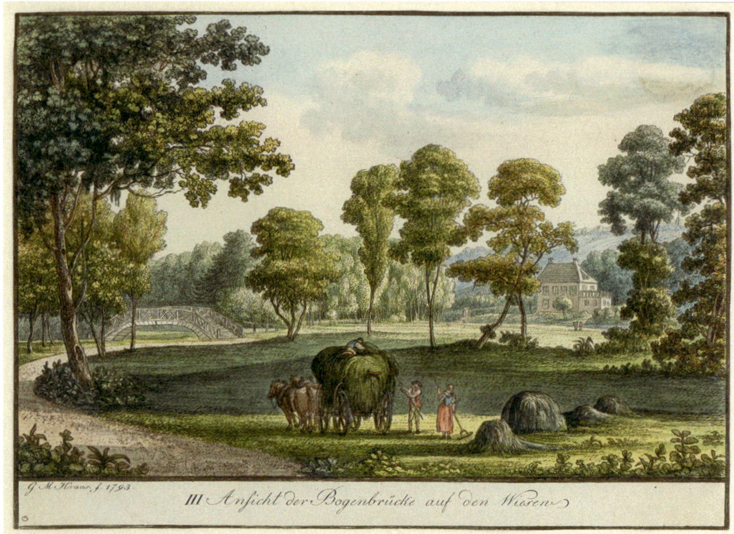

Abb. 4 | Georg Melchior Kraus, Bogenbrücke auf den Wiesen, 1793

Mit dem lapidaren Eintrag „den Garten in besiz genommen“ im Tagebuch vom 21. April 1776 begann Goethes Leben im Gartenhaus. Die Inbesitznahme war zugleich ein rechtlicher Akt. Denn der eigene Grund und Boden ermöglichte es dem angehenden Hofbeamten, das Weimarer Bürgerrecht zu erwerben. Schon im Juni 1776 wurde Goethe zum Geheimen Legationsrat ernannt und in das Geheime Consilium, das Beratergremium des Herzogs, aufgenommen. Die Berufung zum Geheimen Rat folgte am 5. September 1779, die Erhebung in den Adelstand durch Kaiser Joseph II. am 3. Juni 1782. Aber die Worte „in besiz genommen“ lassen sich auch und vor allem als ein Ankommen verstehen.

Für den Neuankömmling verband sich mit dem Ort die Chance auf Nähe zur Natur, wie er rückblickend in *Geschichte meines botanischen Studiums* (1817) notierte: „Sogleich bei meinem Eintritt in den edlen weimarischen Lebenskreis, ward mir der unschätzbare Gewinn zuteil Stuben- und Stadtluft mit Land- Wald- und Garten-Atmosphäre zu vertauschen.“ Bereits zum Zeitpunkt seines Einzugs äußerte er sich ähnlich: „Hab ein liebes Gärtgen vom Thore an der Ilm schönen Wiesen in einem Thale. ist ein altes Hausgen drinne, das ich mir repariren lasse. Alles blüht alle Vögel singen. […] Alles ist so still. Ich höre nur meine Uhr tackcken, und den Wind und das Wehr von ferne“, schrieb er am 17. und 18. Mai 1776 in einem in Fortsetzungen verfassten Brief an Gräfin Auguste von Stolberg (Abb. 4).

Im Jahr 1782, schon kurz nach seinem Umzug in das repräsentative Haus am Frauenplan, blickte Goethe auch wehmütig auf die Zeit im Gartenhaus zurück. So schrieb er am 17. November 1782 an seine damals engste Vertraute, Charlotte von Stein: „Ich strich um mein verlassen Häusgen [...]. Wie viel hab ich verlohren da ich ienen stillen Aufenthalt verlassen muste! Es war der zweyte Faden der mich hielt, ietzt hänge ich ganz allein an dir, und gott sey Danck ist dies der stärckste."

Nach dem Umzug wurde das Gartenhaus für Goethe zum Rückzugsort. Hier bewahrte er sich eine Privatsphäre, die es im geschäftigen Wohnhaus für den berühmten Dichter und Staatsmann nicht mehr in gleicher Weise gab. Die erste Begegnung mit Christiane Vulpius, die einigen Quellen zufolge im Park an der Ilm stattfand, das Zusammenleben mit ihr an den zwei Orten, die sommerlichen Aufenthalte mit ihr und dem gemeinsamen Sohn August und später den drei Enkeln – das Gartenhaus blieb immer Teil der ganz privaten Goethe'schen Lebensgeschichte. Noch im höheren Alter zog er sich mehrfach hierher zurück, um ungestört zu arbeiten und Erinnerungen zu pflegen. „Wir haben hier in diesem Gartenhäuschen tüchtige Jahre verlebt", erklärte er seinem Gesprächspartner Karl von Holtei am 15. Mai 1827, „und weil es denn mit uns sich auch dem Abschlusse nähert, so mag sich die Schlange in den Schwanz beißen, damit es ende, wo es begonnen."

Abb. 5 | Kieselmosaik hinter dem Haus

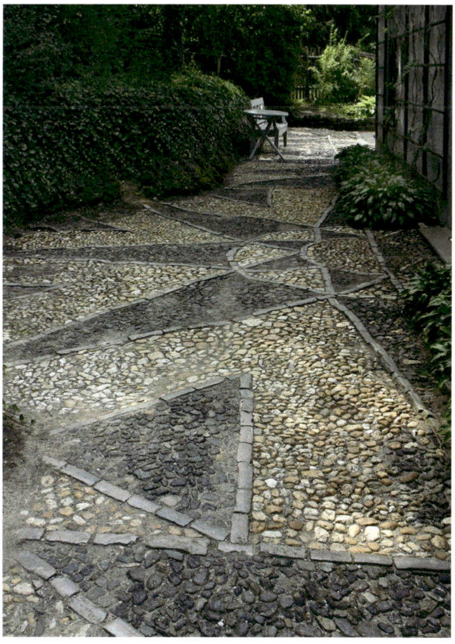

Der Sommer des Jahres 1831 war der letzte, in dem Goethe sein Gartenhaus intensiv nutzte. Fast jeden zweiten Tag ließ er sich im August in seinen „unteren Garten" fahren, mal in Begleitung seiner Schwiegertochter Ottilie von Goethe, mal für eine „große Theegesellschaft", dann wieder um dort allein zu sein oder „um die Malvenallee in ihrer vollen Blüthe zu sehen". Bis in sein letztes Lebensjahr wurde Goethe nicht müde, am Grundstück Verschönerungen vornehmen zu lassen, etwa an den Wegen und dem kleinen Vorplatz (Abb. 5). Der Garten am Stern sollte auch nach seinem Tod ein Ort der Familie bleiben. Das gelang nur bedingt; zu aufwendig war die Pflege des Gartens und zu weit weg waren die zeitweise in Jena, Leipzig und Wien ansässigen Enkel. Zeitgenossen schilderten das Grundstück zwanzig Jahre nach Goethes Tod als verwildert, wüst oder sogar unheimlich. Diesen Zustand lastete man damals oft den vermeintlich sorglosen Nachkommen an. Von der dunklen Stimmung sprach hingegen schon Goethe selbst: „Die alten Erinnerungen machten ihm aber ganz unheimliche Eindrücke" unter den hoch- und wildgewachsenen Bäumen, berichtete Kanzler Friedrich von Müller von einem Gespräch am 16. März 1824.

Was sich aber dank der Sorge tragenden Familie über das 19. Jahrhundert erhielt, war die private Atmosphäre. Von Zeit zu Zeit wurden unter bestimmten Bedingungen Fremde durch das Haus geführt. Während Goethes letzter, kinderlos gebliebener Enkel Walther von Goethe im Jahr 1885 das Wohnhaus am Frauenplan dem Staat Sachsen-Weimar vererbte, sprach er das Gartenhaus dem Krongut zur persönlichen Nutzung des Großherzogs Carl Alexander zu. Im Garten sollten weiterhin die Kinder der fürstlichen Familie spielen dürfen, wie einst er selbst und der in etwa gleichaltrige junge Erbprinz. Besichtigungen des Hauses waren auf Anfrage möglich.

1922, nachdem das Großherzogtum aufgelöst worden war, kam das Haus in den Besitz des Landes Thüringen und wurde dem 1885 gegründeten Goethe-Nationalmuseum angegliedert.

Natur und Literatur – Alltag im Gartenhaus

Als Goethe sein schlichtes Haus bezog, war es schon über 150 Jahre alt war. Er passte sich als Bewohner an den Ort an, nicht umgekehrt. Zwar nahm der neue Besitzer Umbauten vor und gestaltete das damals verwilderte Gartenareal neu. Aber den Mischgarten mit den Gemüsebeeten zur Selbstversorgung und den sortenreichen Blumenbeeten, den er anlegen ließ, könnte man mit einem heutigen Begriff als Musterbeispiel an Biodiversität verstehen. Sogar einen Bienenstock gab es. Dies lässt uns in Zeiten, die viele Fragen zu einem umweltverträglichen Wohnen aufwerfen, seinen damaligen Bewohner vielleicht als besonders nah und zeitgemäß erscheinen. Nicht ganz zu verschweigen ist, dass Goethe seine Pläne kaum so leicht ohne seine Diener, seine Köchin sowie die Gärtner, Handwerker und Tagelöhner hätte umsetzen können, die ihm als Minister und Freund des Herzogs zur Verfügung standen. Dazu gehörten etwa der Frankfurter Philipp Seidel als Haushofmeister und der Erfurter Christoph Sutor als zeitweiliger Kammerdiener, zeitweise wohl auch bereits der junge Weimarer Paul Götze, der Goethe bis zu dessen Tod verbunden blieb.

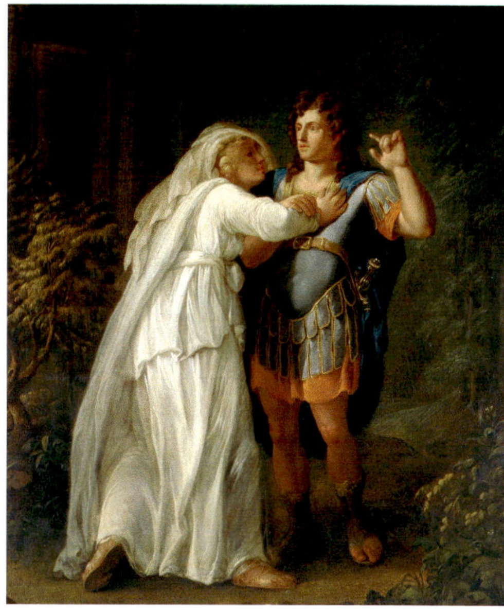

Abb. 6 | Georg Melchior Kraus, Szenenbild der Uraufführung der *Iphigenie auf Tauris* mit Goethe als Orest und Corona Schröter als Iphigenie, um 1800

Nur eine Geschichte, die sich mit dem Gartenhaus nach wie vor verbindet, ist noch bedeutsamer als die von Goethes Naturverbundenheit – die von seinem literarischen Schaffen an diesem Ort. Hier entstanden seine romantischen, oft um die Themen ‚Nacht' und ‚Mond' kreisenden Gedichte oder die Balladen vom Fischer und vom Erlkönig. Im Gartenhaus schrieb er die Prosa-Fassung seiner *Iphigenie auf Tauris,* die 1779 in Weimar uraufgeführt wurde (Abb. 6). Die Hauptfigur steht für das klassische Humanitätsideal, das heißt für ein verantwortungsvolles, Gefühl und Pflicht austarierendes Handeln. Später wurde das Drama als Schlüsselwerk der Weimarer Klassik verstanden. Und bis heute erlaubt es Goethes großangelegte Reflexion darüber, was Menschlichkeit eigentlich ausmacht, in dem Stück Bezüge zur Gegenwart herzustellen. Im Gartenhaus arbeitete er am Schauspiel *Torquato Tasso* (Abb. 7) und an seinem großen Romanprojekt, aus dem später *Wilhelm Meisters Lehrjahre* wurden. Zudem verfasste er naturwissenschaftliche Schriften zur Geologie, Mineralogie und Biologie. Diesen Werken widmete er sich neben seinen amtlichen Tätigkeiten im Herzogtum Sachsen-Weimar. Dazu zählten neben

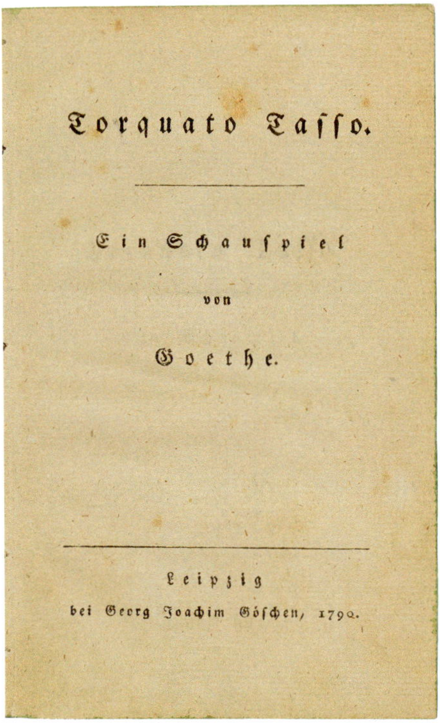

Torquato Tasso.

Ein Schauspiel

von

Goethe.

Leipzig

bei Georg Joachim Göschen, 1790.

Abb. 7 | Titelblatt des Erstdruckes von Goethes *Torquato Tasso,* 1790

der Mitgliedschaft im Geheimen Consilium, in der Bergwerks-Kommission in Ilmenau sowie in der Steuerkommission ab 1779 auch der Vorsitz der Kriegs-Kommission und der Wegebau-Direktion. Angesichts der strukturellen Rückständigkeit des Herzogtums waren dies keine leichten Aufgaben.

Trotz der dienstlichen Verpflichtungen nahm es der junge Dichter zwischen 1776 und 1782 gleich mit einer Vielzahl für ihn neuer literarischer Formate und Gattungen auf: Neben den genannten Werken entstanden diverse Nacht- und Mondlieder, Liebesgedichte wie das an Charlotte von Stein gerichtete *Warum gabst du uns die Tiefen Blicke,* der Einakter *Die Geschwister,* Festgedichte und -spiele wie *Proserpina,* Singspiele wie *Erwin und Elmire,* Lustspiele wie *Die Mitschuldigen,* die Satire *Der Triumph der Empfindsamkeit,* das Trauerspiel *Egmont.* Insbesondere die in dieser Zeit geschriebenen Theaterstücke wurden häufig als Versuche oder als Gelegenheitsarbeiten gewertet. Goethe selbst ist nicht ganz unschuldig an dieser einseitigen Wirkungsgeschichte. Gegenüber Eckermann gab er am 10. Februar 1829 zurückblickend zu Protokoll, dass in seinem ersten Weimarer Jahrzehnt sein Talent im Konflikt mit der Realität, etwa seinen vielen Pflichten im Staatsdienst, gestanden habe und er deshalb damals „nichts Poetisches von Bedeutung hervorgebracht" hätte. An anderer Stelle hingegen betonte der Autor wiederum den Zusammenhang seines frühen und späten Schaffens; alles sei Teil *einer* Entwicklung: „Die Anfänge des Wilhelm Meister wird man in dieser Epoche auch schon gewahr, obgleich nur cotyledonenartig; die fernere Entwicklung und Bildung zieht sich durch viele Jahre". So hielt er es, seine Werkgenese mit dem Wachstum der Pflanzen vergleichend, im Abschnitt *Bis 1780* seiner *Tag- und Jahres-Hefte* fest.

Auch die im Gartenhaus entstandenen Theaterstücke kann man dementsprechend in einem anderen Licht sehen. Das höfische Liebhabertheater, für das Goethe seine Singspiele schrieb, stand am Beginn der Weimarer Bühnentradition bis hin zum Deutschen Nationaltheater. Aber nicht nur vom Theaterautor, sondern auch und vor allem vom Dichter Goethe haben viele Leserinnen und Leser heute ein stärker differenziertes Bild, das auch auf den Einfluss des jungen Goethe auf die Romantik abzielt. Mit den Mond-Gedichten oder Motiven wie ‚Liebessehnsucht', ‚Wanderschaft' oder auch ‚Todesahnung' bediente Goethe romantische Themen, die dann unter anderem von den Kreisen der Jenaer Frühromantik weiter ausformuliert wurden. Der Romanentwurf *Wilhelm Meisters theatralische Sendung* präsentiert einen zaudernden, erotisch verstrickten, insgesamt durchaus romantischen Helden. Goethes deutlich spätere Idee der Weltliteratur wiederum setzt die Romantik als inzwischen gesamteuropäisch wirksames Phänomen voraus. Weltliteratur bedeutete für den älteren Goethe eine kultur- und länderübergreifende Form der literarischen Kommunikation. Inzwischen hatten die Romantiker vorgemacht, wie es geht: Das Schreiben oft zu mehreren Händen, das Übersetzen fremdsprachiger Texte der europäischen Literaturen, das gegenseitige Verfassen von Kritiken und Rezensionen sowie der Austausch in Salons sind nur einige der gemeinschaftlichen Formate, mittels derer sie das literarische Leben kultivierten.

Schon der junge Goethe entwickelte während der Gartenhaus-Zeit die in der Aufklärung geprägte Idee des literarischen Austauschs in diesem Sinn weiter. Gäste wie Christoph Martin Wieland, Johann Gottfried und Caroline Herder, der Dichter Jakob Michael Reinhold Lenz und die Hofdame und Literatin Charlotte von Stein machten das an der Peripherie der Stadt gelegene Gartenhaus schon in den späten 1770er Jahren zu einem Mittelpunkt der intellektuellen Weimarer Kultur mit allmählich wachsender europäischer Ausstrahlung.

Für Goethe blieb das Gartenhaus zeitlebens ein Ort der literarischen Produktion. 1827 schrieb er an seinen Freund Carl Friedrich Zelter und berichtete von einem Besuch im „untern

Garten", in dem er „blieb ohne bleiben zu wollen". Nun könne er dem Freund von hier berichten: „Der zweyte Theil der Wanderjahre ist abgeschlossen; nur weniger Binsen bedarf es um den Straußkranz völlig zusammenzuheften, und das thäte am Ende auch jeder gute Geist, das Einzelne auf- und anfassend, und vielleicht besser. Nun aber soll das Bekenntniß im Stillen zu dir gelangen, daß ich, durch guter Geister fördernde Theilnahme, mich wieder an Faust begeben habe".

Vom Weinberghaus zum Dichterort

Das schlichte, viereckige Haus mit schindelgedecktem Dach, das der junge Goethe bezog, stammt aus der Zeit um 1600 und war zunächst ein Weinberghaus. Ähnliche Bauten kann man bis heute an den Hängen oberhalb der Saale in der Nähe von Naumburg sehen. Als die Nutzung des Hangs für den Weinanbau im späten 17. Jahrhundert unrentabel wurde, wandelte man das Gelände in Hausgärten um. Das eingeschossige Gebäude stockte man zu jener Zeit um eine Etage auf. Heute können noch das Portal und die Fenster im Erdgeschoss diesem ursprünglichen Bau zugeordnet werden. Prägend für die Silhouette ist der hohe Dachstuhl, in den eine, heute nur noch ansatzweise vorhandene, Treppe führte. Das Haus dürfte im 18. Jahrhundert vor der Nutzung durch Goethe durchgängig bewohnt gewesen sein; Seifensieder, Schneider, Hoftrompeter und Kammerdiener lebten hier mit ihren Familien.

1776 kaufte Herzog Carl August das Anwesen für 600 Taler und machte es Goethe zum Geschenk. Er hoffte, den neu gewonnenen Freund dadurch langfristig für die kleine thüringische Residenzstadt und den Staatsdienst in seinem Land zu gewinnen. Je 300 Taler gab der Herzog zusätzlich für die Anfertigung der Ersteinrichtung und für die Herrichtung des Anwesens aus. Goethe ließ das Gelände terrassieren, von Tagelöhnern Treppen und Wege anlegen und das Haus außen in einem Grauton anstreichen. Dieser graue Anstrich wurde bei der letzten Sanierung im Jahr 1995/96 rekonstruiert. Im Inneren ließ Goethe 1776 unter anderem die Treppe erneuern. Dass er für die neue Konstruktion eine Zeichnung anfertigte, zeigt, wie intensiv er sich mit seinen

Umbauten beschäftigte (Abb. 8). Auf dem Plan sind auch der Eingang und die neu verlegten Bodenplatten aus Berkaer Sandstein zu erkennen. Im Erdgeschoss wurde gegenüber dem Eingang eine halbe Wand eingezogen, so dass ein kleiner Speisesaal entstand, dessen Wände man in Grün tapezierte und teilweise mit Friesen versah. In der angrenzenden Küche sind aus dieser Zeit noch der den Herd rahmende Kamin und der Spülstein erhalten. Neben der Küche gab es damals eine Speisekammer und ein Dienerzimmer. Die Besucherinnen und Besucher, die heute das Gartenhaus besichtigen, erreichen vom Erdgeschoss aus über das von Goethe umgebaute Treppenhaus die obere Etage. Dort befinden sich das Wohn- und das Arbeitszimmer, die Bibliothek und das Schlafzimmer. Die heutigen Wandfassungen der Räume sind Rekonstruktionen der letzten großen Ausmalung im Jahr 1820.

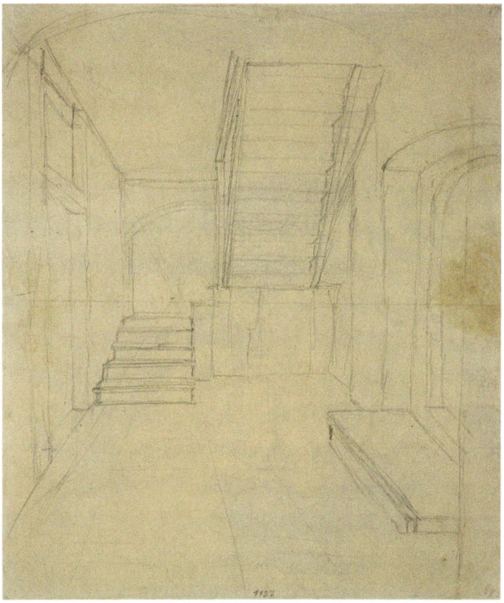

Abb. 8 | Johann Wolfgang Goethe, Treppe im Gartenhaus, 1777

Das nordwestliche Eckzimmer bestimmte Goethe bei seinem Einzug zum Schlafzimmer, wofür eines der beiden Fenster zur besseren Verdunklung zugemauert wurde. An der dem Park zugewandten Fassade befindet sich dort ein Blindfenster mit aufgemalter Sprossenteilung.

Das schräg gegenüberliegende südöstliche Eckzimmer verfügte über einen heute noch sichtbaren Kamin mit gemauertem marmorierten Sims und einem, nicht erhaltenen, aus Messing geflochtenen Gitter (Abb. 9). Von diesem Wohnzimmer aus konnte man zeitweilig einen Altan betreten, den Goethe 1777 hatte anbauen lassen. Die Tür verfügte über einen Glaseinsatz, der den Ausblick nach draußen ermöglichte. Mitte der 1790er Jahre, als er bereits im Stadthaus am Frauenplan lebte, ließ Goethe den einfachen hölzernen Anbau wieder entfernen. Längst verschwunden aus dieser frühen Zeit der Nutzung sind auch der Brunnen im Garten und das Waschhaus, eine Hundehütte vor dem Ein-

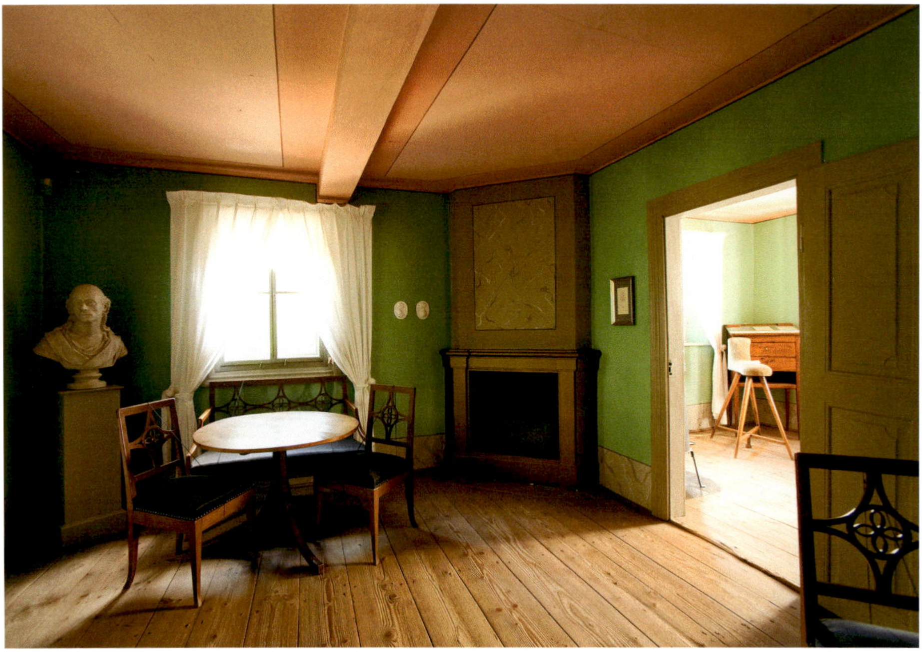

Abb. 9 | Wohnzimmer mit Kamin

gang, ein Hühnerstall, ein grün gestrichener Nachtigallenbauer, der Weinkeller unter dem Haus und Kühlschränke aus Kupfer. Für das Haus beschriebene Kunstobjekte wie die Skulptur eines Fauns fehlen ebenso wie Gebrauchsgegenstände, darunter ein Messing-Barbierbecken, zwei Flachs-Spinnräder, eine Goldwaage. Nichts davon hat sich erhalten. Um welche Statuen es sich handelte, die Goethe laut einer Schatullrechnung am 8. Juni 1776 kaufte, muss ebenfalls offenbleiben. In jedem Fall kann man sich Haus und Garten zu jener Zeit als ein gut ausgestattetes Wohnensemble vorstellen.

Zur Erstausstattung gehörte neben den genannten Dingen und Accessoires etwa ein Tafelservice und Silberbesteck für zwölf Personen, es gab mindestens ebenso viele Stühle und Sessel, außerdem zur Unterhaltung der Gäste einen Schießscheibenstand im Garten. Für die frühen 1780er Jahre sind mehrere Spieltische nachgewiesen; an diesen ausklappbaren kleinen Tischen konnte man sich spontan zum Kartenspiel zusammenfinden. Schon zur Ersteinrichtung gehörten ein Mineralien- sowie ein Naturalienschrank, ein fünfflügeliger Paravent, goldene Spiegel und schwarzgebeizte Bilderrahmen. Überhaupt ist von einer relativ erlesenen Möblierung der Räume auszugehen, denn niemand

Geringeres als der Hoftischler Johann Martin Mieding war vom Herzog mit der Anfertigung beauftragt worden. Mieding war nicht nur der führende Zimmermann im Staat, sondern geradezu der Ausstatter des frühen klassischen Weimar. Als er 1782 plötzlich starb, verfasste Goethe das vielstrophige Gedicht *Auf Miedings Tod.* Dieser Nachruf ehrt den Künstler, doch gehen die Verse zugleich ironisch mit der Weimarer Gesellschaft ins Gericht: Die Schönheit der Weimarer Interieurs, so legt das Gedicht nahe, war im Grunde genommen das Werk eines einzelnen Zimmermanns, dessen Verlust nun den ganzen Hofstaat erschütterte.

Dass sich diese Ersteinrichtung im Gartenhaus nicht mehr vorfindet, hat viele Gründe. Bereits als Johann Peter Eckermann am 22. März 1824 das Haus mit Goethe besuchte, äußerte er sich zwar schwärmerisch über den Garten, fand die Zimmer aber „ohne eigentliche Bequemlichkeit". Längst waren viele Möbelstücke, Bilder und Kunstobjekte an den Frauenplan gewandert. Der Eintrag auf einer Rechnung vom Oktober 1790, die „Schränke hin und herzuschaffen" könnte sich hierauf beziehen. Auch der Abguss des *Apoll von Belvedere,* den Goethe im Januar 1782 als Geschenk erhielt, zog mit ins neue Wohnhaus um. Darüber hinaus überließ Goethe das Haus zwischenzeitlich anderen, so seinem Freund Carl Ludwig von Knebel oder der Schauspielerin Caroline Jagemann, der offiziellen Mätresse des Herzogs.

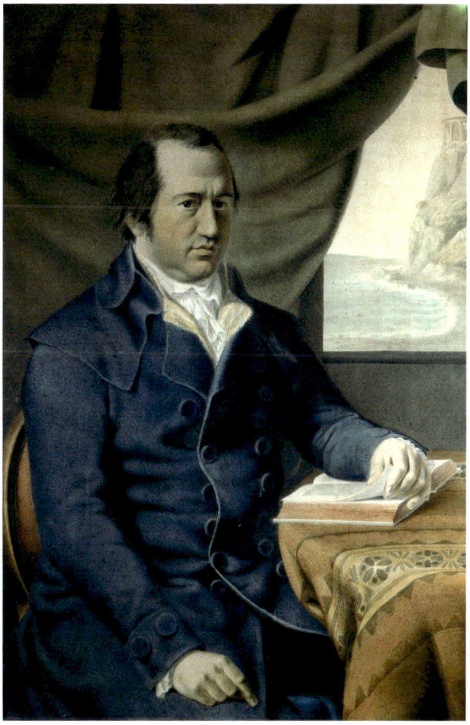

Abb. 10 | Johann Heinrich Meyer, Johann Wolfgang Goethe, 1792/95

Als Goethe sich wieder öfter selbst im Gartenhaus aufhielt und arbeitete, hatte er andere Prioritäten. Nun ließ er im „Erdsälgen", wo einst gesellige Abende stattgefunden hatten, lieber Schwarz-Weiß-Pläne vom antiken Rom und der Campagna di Roma aufhängen. Die heute hier in Kopie ausgestellten großformatigen Prospekte und Ansichten begleiteten ihn bei seiner Arbeit am zweiten Teil der *Italienischen Reise,* für die er sich ins Gartenhaus zurückgezogen hatte. Das Haus war wieder zum Ort der Literatur geworden, hatte aber weite Teile seiner Ausstattung eingebüßt. Das betraf auch die Wände: Von den vielen Bildern aus Goethes Besitz lässt sich nur eines sicher für jene späten Jahre verbuchen, nämlich Johann Heinrich Meyers großformatiges Porträtaquarell von Goethe aus der Zeit nach der Italienreise (Abb. 10). Nach Goethes Tod brachten die Erben die noch erhaltene Ausstattung nicht zurück. Sie hätte sonst im Haus am Frauenplan gefehlt. Zudem war das Wissen über die genauen Standorte vermutlich bereits verloren und am Frauenplan konnten die Stücke sicherer aufbewahrt werden. Bei den Gästen, die schon früh aus ganz Europa kamen, wie etwa dem Schriftsteller Adolph Stahr im Jahr 1851, entstand der falsche Eindruck, die kahlen, niedrigen, engen und schmalen Zimmer seien „die ganze Räumlichkeit, mit der sich Goethe sieben Jahre lang Winters und Sommers begnügte".

Abb. 11 | Sitzbock im Arbeitszimmer

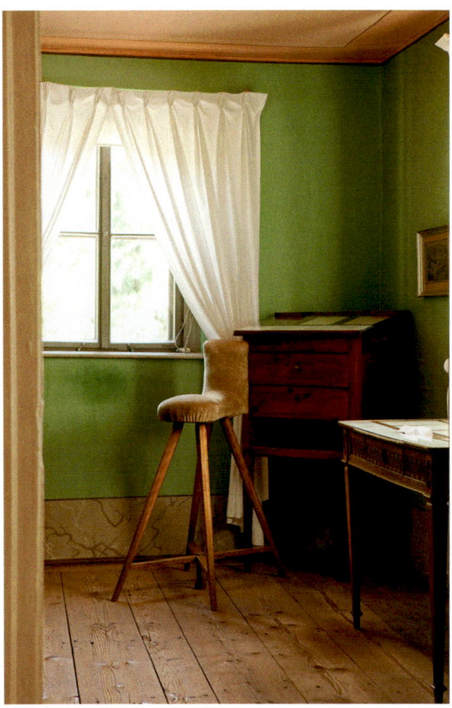

Manche der heute in den Wohnräumen ausgestellten Schreibtische und Sitzmöbel kamen im 20. Jahrhundert über die oft verworrenen Wege des Kunstmarkts oder über private Vermittlung zurück in die Sammlung des Goethe-Nationalmuseums. Ob einige dieser Stücke zur goethezeitlichen Einrichtung gehörten – wie etwa der berühmte Sitzbock (Abb. 11) –, lässt sich nicht ohne Weiteres feststellen. Auch wenn viele Fragen offenbleiben, so hat doch jedes heute im Gartenhaus gezeigte Goethe-Möbel seine ganz eigene, oft über zweihundertjährige Vergangenheit. Das belegen unter anderem die Rechnungen für Anfertigungen und Reparaturen, die dem Hausherrn von Weimarer Handwerkern und Künstlern zugestellt wurden.

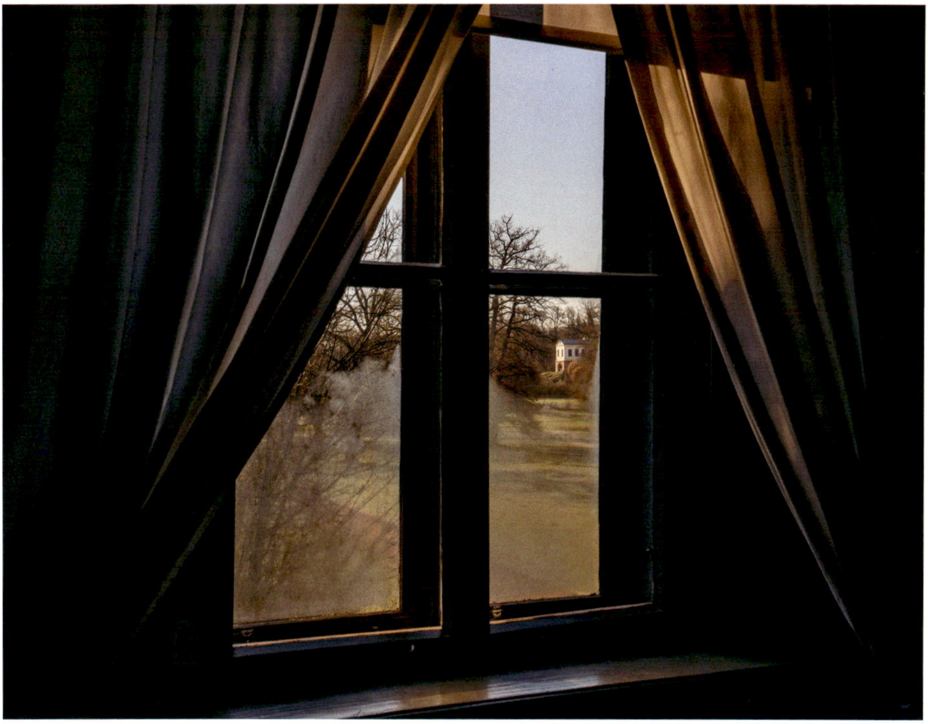

Abb. 12 | Blick aus dem Gartenhaus zum Römischen Haus

Auch die Rechnungen selbst erzählen die eine oder andere Geschichte. Dass auf keiner einzigen Goethes Name richtig erscheint, veranschaulicht, wie unbekannt der Neuankömmling und frisch gebackene Legationsrat in den ersten Weimarer Jahren noch gewesen sein muss. In der thüringischen Mundart wurde Goethe gar zu „Dr. Käthen“, „Rath Koeden“ oder „Dr. Kotten“. In Weimar musste er sich und seine Rolle erst erfinden. Der Schauplatz hierfür mögen Gesprächszirkel, dienstliche Termine, höfische Feste und thüringische Reisen gewesen sein. Aber der Ort des privaten Lebens, das Zuhause, von dem Goethe ausging und wohin er zurückkehrte, war und blieb zu dieser Zeit sein Gartenhaus (Abb. 12).

BRG

Die Metamorphose der Pflanzen

Dich verwirret, Geliebte, die tausendfältige Mischung
Dieses Blumengewühls über dem Garten umher;
Viele Namen hörest du an, und immer verdränget
Mit barbarischem Klang einer den andern im Ohr.
Alle Gestalten sind ähnlich, und keine gleichet der andern;
Und so deutet das Chor auf ein geheimes Gesetz,
Auf ein heiliges Räthsel. O, könnt' ich dir, liebliche Freundin,
Überliefern sogleich glücklich das lösende Wort!
Werdend betrachte sie nun, wie nach und nach sich die Pflanze,
Stufenweise geführt, bildet zu Blüthen und Frucht. [...]
Also prangt die Natur in hoher voller Erscheinung,
Und sie zeiget, gereiht, Glieder an Glieder gestuft.
Immer staunst du auf's neue, sobald sich am Stengel die Blume
Über dem schlanken Gerüst wechselnder Blätter bewegt. [...]
Nun vereinzelt schwellen sogleich unzählige Keime,
Hold in den Mutterschoos schwellender Früchte gehüllt.
Und hier schließt die Natur den Ring der ewigen Kräfte;
Doch ein neuer sogleich fasset den vorigen an,
Daß die Kette sich fort durch alle Zeiten verlänge,
Und das Ganze belebt, so wie das Einzelne, sei. [...]

Johann Wolfgang Goethe, 1798

In seinem an die Lebensgefährtin Christiane Vulpius gerichteten Liebes- und Lehrgedicht vermittelt Goethe naturwissenschaftliche Erkenntnisse in lyrischer Form. Zuerst erschien es in Friedrich Schillers *Musenalmanach* für das Jahr 1799, später ordnete Goethe es seiner Abhandlung *Versuch die Metamorphose der Pflanzen zu erklären* zu.

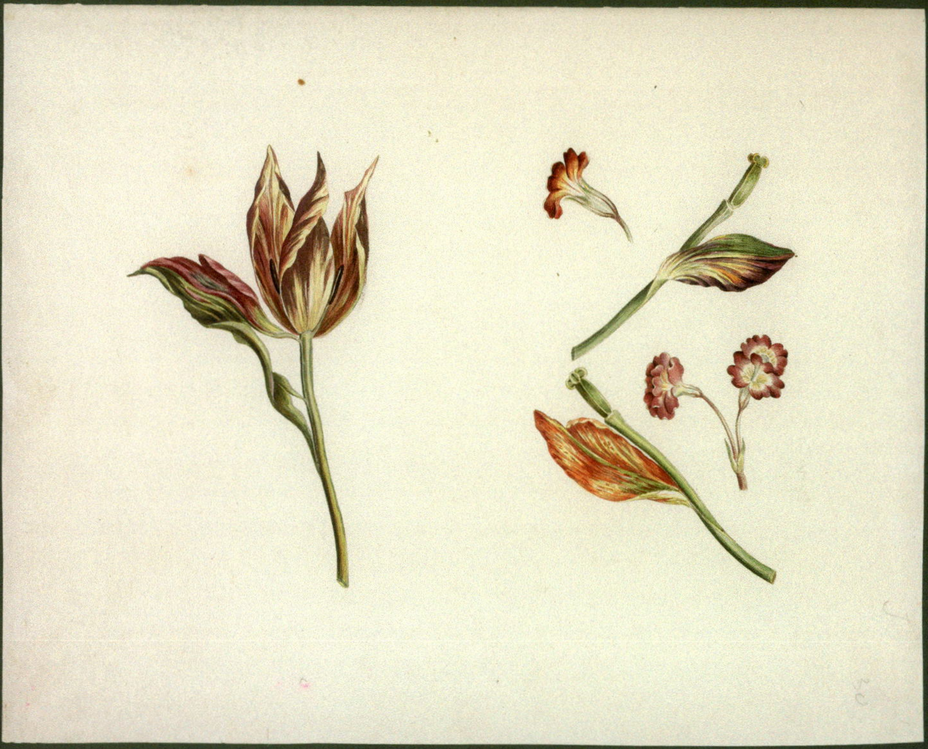

Primel- und Tulpenblüten, aquarellierte
Zeichnung zur *Metamorphose*, um 1790/91

DER GARTEN AM STERN

„Heute war ich nach langer Zeit wieder in meinem Parkgarten; gerne würde ich öfter dort verweilen, [...] ganze Jahre habe ich förmlich dort gewohnt, [...]. Nie habe ich meine Naturstudien so innig als dort getrieben, die Natur mit ganz andren Augen geschaut und sie in jeder Stunde des Tags und der Nacht belauscht [...] Ich kam höchst unwissend in allen Naturstudien nach Weimar, und erst das Bedürfniß, dem Herzog bei seinen mancherlei Unternehmungen, Bauten, Anlagen, praktische Rathschläge geben zu können, trieb mich zum Studium der Natur." Diese Rückschau auf seine erste Zeit im Garten am Stern hielt der 75-jährige Goethe im März 1824 in einem Gespräch mit Kanzler Friedrich von Müller.

Den „Garten in besiz genommen", schrieb Goethe am 21. April 1776 in sein Tagebuch. Noch kein halbes Jahr weilte er in Weimar, als ihm der acht Jahre jüngere Herzog Carl August das ehemalige

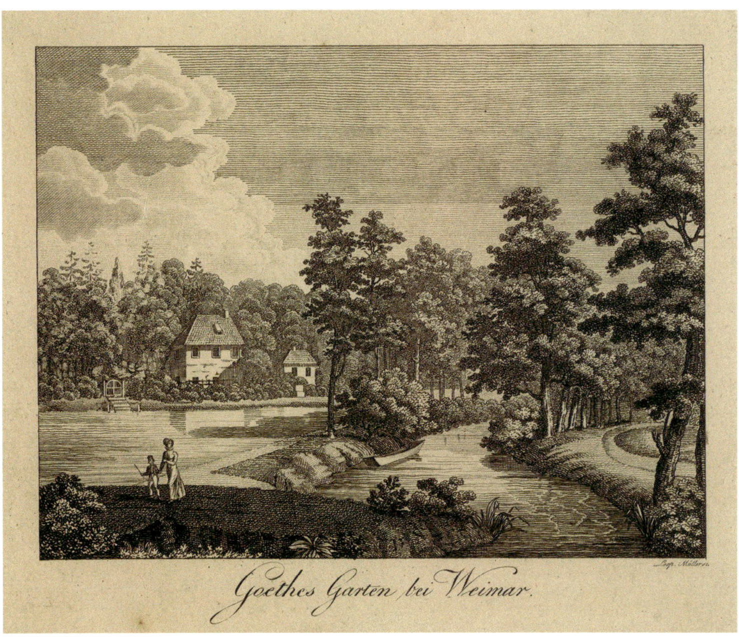

Abb. 1 | Leopold Müller, Goethes Garten bei Weimar, undatiert

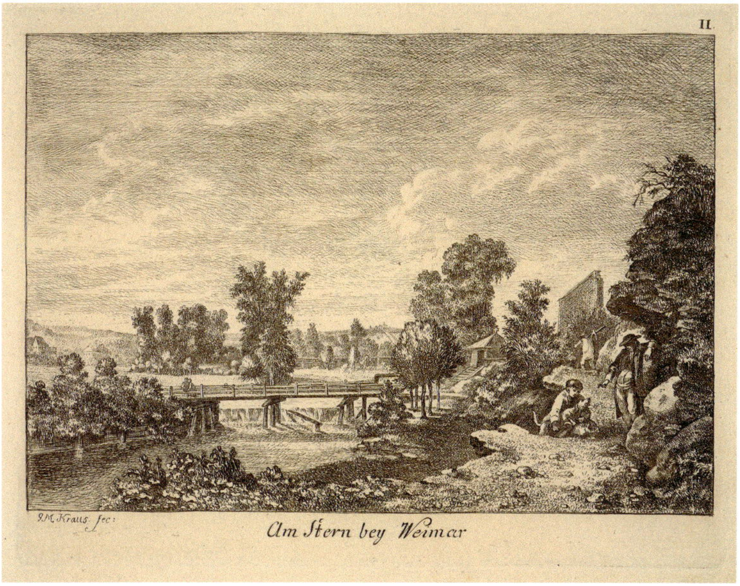

Abb. 2 | Georg Melchior Kraus, Am Stern, 1778

Weinberghaus aus dem 16. Jahrhundert mit einem fast einen Hektar großen Garten zum Geschenk machte (Abb. 1). Dem bis dato Großstadtmenschen Goethe bot sich hier die Chance „Stuben- und Stadtluft mit Land-, Wald- und Garten-Atmosphäre zu tauschen“, ein „unschätzbarer Gewinn“, wie er fand.

Das Anwesen lag im Süden vor den Toren der Stadt unweit des Stern, einer aus der Barockzeit überkommenen Gartenanlage mit sternförmigem Wegesystem. Um dorthin zu gelangen, musste man mehrere Stege über den Floßgraben überwinden (Abb. 2), die mit Türen versehen waren, von denen Christoph Martin Wieland 1778 berichtete, dass er sie, so oft er „noch zu ihm [Goethe] gehen wollte, verschlossen angetroffen“ habe.

Gleich nach dem Einzug ins Gartenhaus wurde Goethe von der Hofgesellschaft und Weimarer Freunden besucht. Mit Charlotte von Stein, deren Mann, der Herzoginmutter Anna Amalia, dem Prinzen Constantin, Wieland und anderen Besuchern spazierte er durch sein Anwesen.

Von der Stimmung, die ihn bereits Tage vor dem Einzug ergriffen hatte, zeugt ein in Fortsetzungen ab dem 17. Mai 1776 verfasster Brief an die Gräfin Augusta Louise zu Stolberg-Stolberg:

„12 Uhr in meinem Garten. Da lass ich mir von den Vögeln was vorsingen, und zeichne Rasenbäncke [...] Sonnabends Nachts 10 in meinem Garten. [...] will allein hier zum erstenmal schlafen. […] ich hab noch gesessen und einen englischen Garten gezeichnet. Es ist eine herrliche Empfindung dahausen im Feld allein zu sizzen."

Die erste Übernachtung im Gartenhaus hinterließ einen tiefen Eindruck und bewegte Goethe dazu, sich fortan als Erdkühlein – ein in Erdnähe lebendes Fabelwesen, das sich von Mutter Natur nähren lässt und mit seinen Gaben andere Menschen erquickt – zu bezeichnen. „Zum erstenmal im Garten geschlafen, und nun Erdkülin für ewig", ließ er Charlotte von Stein am 19. Mai wissen, eine Botschaft, die vom ersten selbst gestochenen Spargel begleitet wurde. Goethe etablierte damit ein jahrzehntelang beibehaltenes Ritual; wobei im Verlauf der jeweiligen Ernte- oder Blühzeiten die ersten Schneeglöckchen, Veilchen, Erdbeeren, Rosenblüten, Weintrauben, verschiedene Obstsorten und der allseits beliebte Spargel als Aufmerksamkeit an Freunde und Vertraute geschickt wurden.

Aus den Schilderungen jener Tage spricht ein großes Glücksgefühl über die neue Lebenssituation. „Ich wohne noch im Garten und balge mich mit der Jahrszeit herum und die Abwechslungen der Witterung und der Welthändel um mich, frischen mich immer wieder neu an", berichtete Goethe im November 1776 dem Freund Johann Heinrich Merck nach Frankfurt am Main. Ihm und weiteren Adressaten schilderte er seine bislang unbekannten Erfahrungen, Eindrücke und Erlebnisse – freudig, zufrieden, oft vergnügt, mitunter sogar enthusiastisch und jedenfalls so lebendig, dass seine Stimmung und die in Haus und Garten herrschende Atmosphäre sich auch einer heutigen Leserschaft noch vermitteln.

Diese unbeschwerten und glücklichen Gartenjahre endeten 1782 mit den wachsenden Verpflichtungen des nunmehr geadelten Ministers am Hofe und dem damit verbundenen Umzug in das Haus am Frauenplan. Der „untere Garten" verlor zwar an Bedeutung, blieb jedoch lebenslang ein wichtiger Rückzugsort für Goethe. „Seit dem mein Garten mir ist was er soll, Zufluchtsort; so hat er für mich einen unaussprechlichen Reitz", schrieb er schon 1782. Wiederholt hielt er sich auch über Wochen im Gartenhaus auf, 1799 beispielsweise ließ er Carl Ludwig von Knebel wissen: „Ich habe sechs Wochen in meinem alten Garten zugebracht".

Goethe als Gärtner

Der Garten am alten Weinberghäuschen war ein typischer Nutzgarten, in dem Gemüse, darunter Spargel und Erdbeeren, sowie auf einer Obstwiese Äpfel, Birnen, Pflaumen und Kirschen wuchsen. Goethe, ganz von der um sich greifenden Gartenlust jener Zeit infiziert, begann sogleich nach eigenem Entwurf ein winziges „englisches Gartenstück“ anzulegen, zur selben Zeit wie Anna Amalia bei Schloss Ettersburg sowie Prinz Constantin und sein Lehrmeister Knebel in Tiefurt. Umgestaltet wurde der steile, durch das Haus teilweise verschattete Hang gegenüber dem Hauseingang (Abb. 3). Goethe ließ geschlängelte Wege, lauschige Nischen und schattige Ruheplätze anlegen, Laub- und Nadelgehölze pflanzen, darunter Linden, Eichen, Fichten, Weymouthkiefern und Virginische Zedern. Auch davon berichtete er Freund Merck in die Heimatstadt am Main: „Bäume pflanz ich jetzt, wie die Kinder Israel Steine legten zum Zeugniß.“

Gärtnerisches Wissen erwarb Goethe durch praktische Tätigkeit und mit Hilfe von Gartenbüchern. Ein Schlüsselwerk ist Christian Reicharts *Land- u. Gartenschatz* in sechs Bänden, den

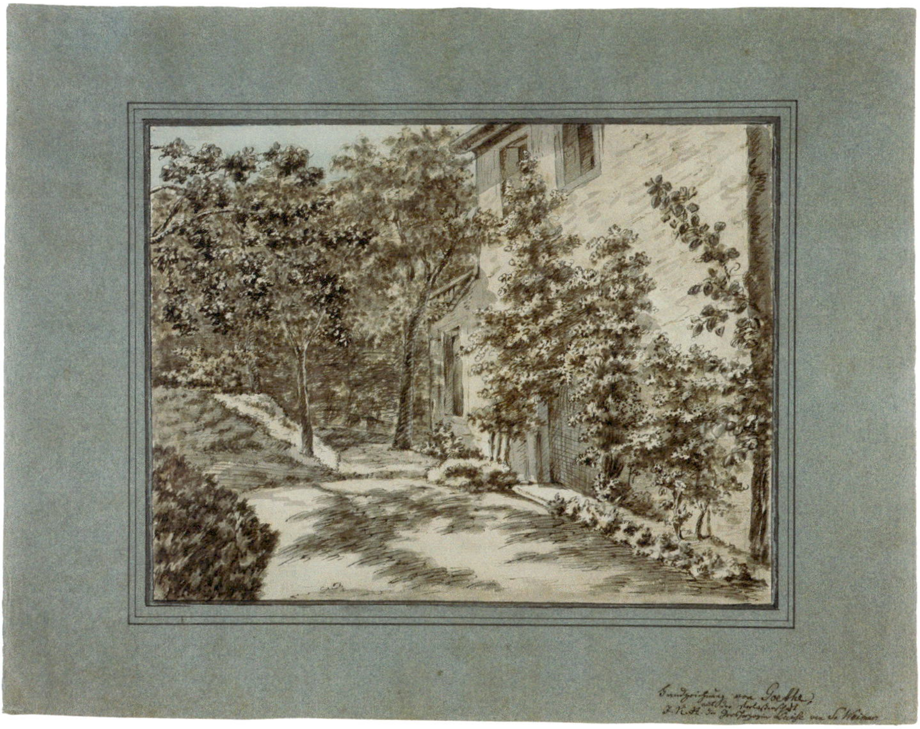

Abb. 3 | Johann Wolfgang Goethe, Eingangsseite von Goethes Gartenhaus, 1779/80

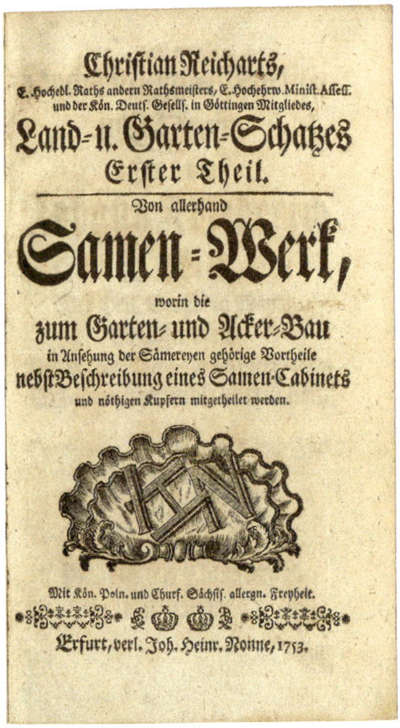

Christian Reicharts,
E. Hochedl. Raths andern Rathsmeisters, E. Hochehrw. Minist. Assess. und der Kön. Deuts. Gesells. in Göttingen Mitgliedes,
Land- u. Garten-Schatzes
Erster Theil.
Von allerhand
Samen-Werk,
worin die
zum Garten- und Acker-Bau
in Ansehung der Sämereyen gehörige Vortheile
nebst Beschreibung eines Samen-Cabinets
und nöthigen Kupfern mitgetheilet werden.
Mit Kön. Poln. und Churf. Sächsis. allergn. Freyheit.
Erfurt, verl. Joh. Heinr. Nonne, 1753.

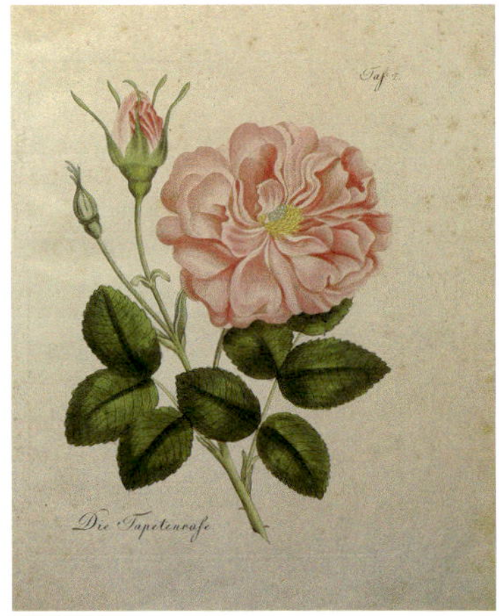

Abb. 4 | Titelblatt des ersten Bandes von Christian Reicharts *Land- u. Garten-Schatz*, 1753

Abb. 5 | Tapetenrose (Rosa x francofurtana), Darstellung aus dem *Allgemeinen Teutschen Garten-Magazin*, 1804

er 1776 mit der Übernahme des Gartens umgehend anschaffte (Abb. 4). In praktischen Fragen unterstützten ihn die Gärtner des Herzogs, künstlerischer Berater war unter anderen sein Leipziger Zeichenlehrer Adam Friedrich Oeser.

In Tagebüchern, Briefen und aufgezeichneten Gesprächen ist auch Goethes gärtnerisches Tätigsein über Jahrzehnte dokumentiert. „Ich [...] pflanze und mache allerley Zeugs [...] Mit den Bienen beschäfftigt und sie zur Winterruh gebracht [...] Die Hecken gepflanzt [...] Mit beschmierten Baumwachsfingern fahr ich fort. Ich habe meine Bäume versorgt". Im September 1777 hielt er fest: „Die Wittrung [. . .] hat mich heut früh recht lebendig gemacht, ich bin im Garten herumgesprungen, meine Bäume besehen, habe mich der Zeiten erinnert da ich sie pflanzte und wie nun die gewünschten und gehofften Zeiten da sind, wo sie gedeyen, gefühlt."

Das Haus ließ Goethe rundum mit Spalieren versehen, pflanzte an die schattige Ostseite am Hauseingang das duftende Jelängerjelieber und vor den neuen Altan an der Südseite des Hauses Weinreben. An die West- und Nordseite wurden Stöcke der Tapetenrose *Rosa x francofurtana* gesetzt, von denen Goethe selbst berichtete, dass sie schon im Juni 1780 bis zum Dach emporgeklettert seien (Abb. 5). 1782 erwähnte der berühmte Gartentheoretiker C. C. Lorenz Hirschfeld das „Rosengeländer" ausdrücklich in seinem fünfbändigen Werk *Theorie der Gartenkunst*.

Im Garten nehmen zwei Denkmale einen besonderen Platz ein. Beide stehen wirkungsvoll am Ende der sich kreuzenden Gartenachsen und ziehen so die Aufmerksamkeit auf sich. Der *Stein des guten Glücks*, auch als *Agathe Tyche* bezeichnet, wurde 1777 am Endpunkt des von Blumenrabatten begleiteten sogenannten Malvengangs aufgestellt. Fünf Jahre später ließ Goethe im „englischen Gartenteil", am optischen Endpunkt der Lindenallee einen Freundschaftsaltar für Charlotte von Stein errichten. Dieser wurde noch im gleichen Jahr mit von ihm verfassten Versen versehen. Ebenfalls 1782 wurden im Tiefurter Tal, das die Herzoginmutter gerade von ihrem Sohn Constantin übernommen hatte, sowie auch im Fürstlichen Park an der Ilm in Weimar Inschriftentafeln angebracht.

Neben dem neu geschaffenen „englischen Garten" behielt Goethe die beiden Nutzbereiche mit der großen Obstwiese im Norden und den Gemüsebeeten auf den weniger geneigten Flächen zum Park hin bei. Auf den Rabatten um die Gemüsebeete herum wachsen bis heute vielfältige Blumen, darunter im Frühjahr Schneeglöckchen, Krokusse, Leberblümchen, Aurikel, Hyazinthen, Tulpen, im Sommer Nelken, Malven und Iris und bis in den Herbst verschiedenste Sorten von Astern. Goethe hatte schon beim Säen und Pflanzen daran gedacht, dass das Ganze „künftig Jahr soll schön aussehn und uns in guten Augenblicken Freude machen" soll. Noch im hohen Alter pflanzte er, so Otto Magnus Freiherr von Stackelberg nach einem Besuch im August 1829, „mit eigener Hand die Malven in seinem kleinen Garten, die, wie er sagte, in ihren bunten Röcken, an hohen Stöcken hinaufgezogen, Schildwacht hielten bei seinen Spaziergängen."

Der Achtzigjährige griff schließlich auch noch einmal gestalterisch in den Garten ein, indem er die von Clemens Wenzeslaus Coudray gestalteten,

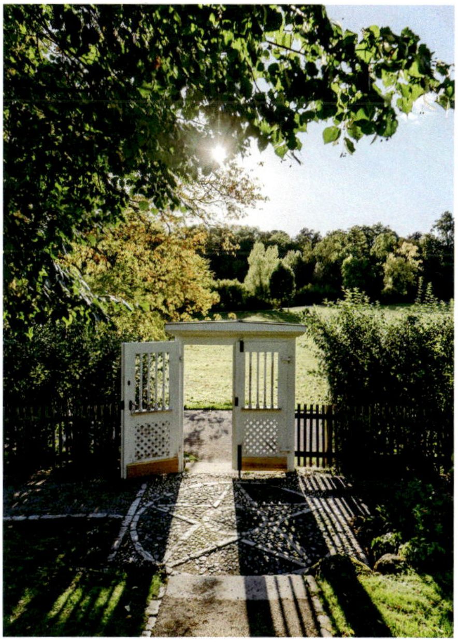

Abb. 6 | Kieselsteinmosaik vor dem Gartentor

„architektonisch ansehnlich“ weißen Gartentore einsetzte und das „Mosaik des Eingangs“ aus „schwarz[en] und weiße[n] Kiesel[n]“ verlegen ließ (Abb. 6).

Im Februar 1832, einen Monat vor seinem Tod, stellte Goethe für seine beiden Gärten für die kommende Saison ein Gartenmemorandum auf, um die erforderlichen Jahresarbeiten im Blick zu behalten.

Naturbeobachtungen

Bereits in seinem Frühwerk *Die Leiden des jungen Werthers* (1774) hatte Goethe Naturerfahrungen und das Verhältnis des Menschen zur Natur thematisiert. Naturbeschreibungen werden hier zum Spiegel der Seele des Protagonisten und zum Träger seiner Empfindungen. Jetzt bot der eigene Garten die Chance, mitten in der Natur zu leben, und diese mit allen Sinnen selbst zu erfahren (Abb. 7). „Heut Nacht hab ich auf meinem Altan unterm blauen Mantel geschlafen, bin dreymal aufgewacht […] und iedesmal neue Herrlichkeiten des Himmels um mich“, schrieb er im Mai 1777 an Charlotte von Stein. Wenige Tage zuvor hatte er ihr berichtet, er habe sich auf seinem Altan „an den Boden in ein trocken Winckelgen gelegt und im Bliz Donner und Regen herrlich geschlummert“.

Im Zeitalter der Aufklärung aufgewachsen und umfassend gebildet, suchte Goethe nach wissenschaftlichen Erklärungen für

Abb. 7 | Johann Wolfgang Goethe, Mond zwischen Bäumen, 1777

Naturphänomene. Durch genaues Beobachten und Vergleichen schärfte er seine Sinne für alles, was ihm in der Natur begegnete: Witterung, Himmel, Wolken, Licht, Blitz und Donner. Seine besondere Neigung galt zunächst der Botanik. Die Beschäftigung mit der Pflanzenwelt und botanische Studien mündeten in sein erstes naturwissenschaftliches Werk, die 1790 veröffentlichte Abhandlung, *Versuch die Metamorphose der Pflanzen zu erklären.*

„Goethe zeigte mir Tabellen, wohinein er in lateinischer und deutscher Sprache viele Namen von Pflanzen geschrieben hatte, um sie auswendig zu lernen", berichtete Johann Peter Eckermann aus einem Gespräch über diese Zeit. „Er sagte mir, daß er ein Zimmer gehabt, das ganz mit solchen Tabellen austapeziert gewesen, und worin er, an den Wänden umhergehend, studiert und gelernt habe. ‚Es tut mir leid', fügte er hinzu, ‚daß es später überweißt worden.'"

Feste im Garten

Das bürgerliche Leben brachte für Goethe auch soziale Verpflichtungen mit sich und ließ den Garten am Stern besonders in den ersten Jahren zu einem beliebten Treffpunkt werden. Gegenseitige Gartenbesuche trafen den Zeitgeist: Es kamen die Mitglieder der herzoglichen Familie, Hofbeamte und Freunde. Auch Kinder waren gern gesehen. Zum ersten Osterfest im Garten, im April 1777, lud Goethe eine Schar Jugendlicher ein, darunter die Kinder Wielands, Herders und die „Grasaffen", wie er die Stein'schen Kinder nannte. „Ein in Weimar noch nie gesehenes Fest gab der nunmehrige Legationsrat [...] in seinem soeben erst bezogenen, an den oberweimarischen Wiesen gelegenen Garten einer Menge Knaben aus guten Häusern", heißt es dazu in den Erinnerungen des Hofpagen Heinrich Freiherr von Lyncker. „In allen Winkeln des Gartens waren Orangen und bunte Eier versteckt [...]. Alles war erlaubt [...] gegen Abend ließen sich dann zwei hohe, wandelnde Pyramiden sehen, welche mit Eßwaren aller Art, namentlich mit Bratwürsten, Karbonaden und dergleichen behangen waren. An diesen sprang die muntere Jugend in die Höhe rupfte nach Belieben herunter, was ihr annehmlich schien, und geriet vor Lust dergestalt außer sich, daß sie die eine umwarf, aus welcher der [...] Bauinspektor Götze, damals Paul genannt, zum allgemeinen Gelächter hervorkroch.“

Gelegentlich wurden Hofmusiker in den Garten gebeten, um die Stimmung aufzuhellen. Auch wurde auf Scheiben geschossen und manchmal sogar auf die Fensterläden am Haus. Ebenso waren kleinere Teegesellschaften und Lesungen beliebt und manchmal gab es im kleinen Kreis Theaterproben für das Liebhabertheater.

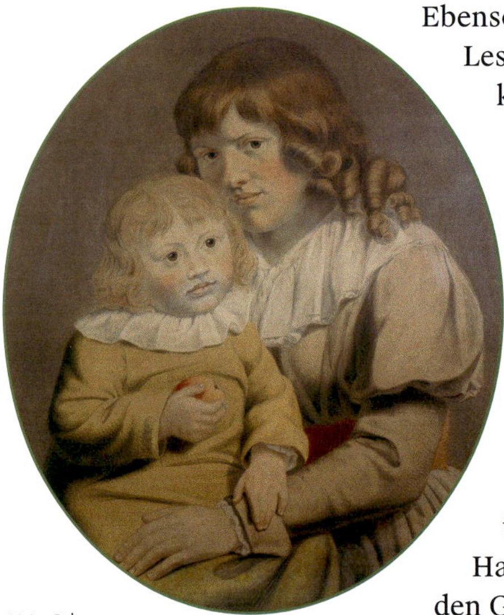

Abb. 8 | Johann Heinrich Meyer, Christiane Vulpius mit Sohn August, 1792

Familienleben

Die Begegnung Goethes mit Christiane Vulpius ließ das Anwesen im Grünen am Beginn ihrer Beziehung zum ‚Liebesnest‘ werden. Mit der Geburt des Sohnes August zu Weihnachten 1789 wurde es zu einem gänzlich privaten Ort für die junge Familie (Abb. 8). Jetzt übernahm Christiane alle Belange der Hauswirtschaft und zugleich die Obhut über den Garten am Stern, der auch nach Übernahme von Haus und Garten am Frauenplan 1792 eine wichtige Versorgungsquelle für den Dichterhaushalt blieb.

Goethe, der viel unterwegs war, ob er nun den Herzog auf dem Feldzug gegen Frankreich begleitete, in Jena seinen Studien nachging oder eine Badereise unternahm, wurde von Christiane stets auf dem Laufenden gehalten. Sie schrieb ihm von der Lebenswirklichkeit der Daheimgebliebenen und den beiden Gärten am Frauenplan und am Stern. Auch wenn nicht immer zwischen den beiden Gärten unterschieden wird, lassen sich die meisten Aussagen dem einen oder anderen zuordnen.

Auf Goethes Bitte, ihm von den Gärten zu berichten, er „höre gern, daß im Hause die Arbeit hintereinander weg geht“, antwortete ihm Christiane: „im alten Garten ist es itzo ganz herrlich: die Rosen blühen und die Kirschen wollen reif werden. [...]. Das Abendbrot wird meist im Garten verzehrt. Wenn Du nur wiederkömmst, wenn noch schöne Tage sind, daß wir noch mannichmal im Garten am Hause schlampampsen können, da freue ich mich darauf. Der Kleine spricht immer: ‚Der Vater kömmt ja noch nicht!' […] Itzo ist er sehr glücklich, wenn er im Garten eine reife Kirsche sieht, da freut er sich so, daß ich mich mit freun muß. Sonst gehe ich auch nirgends hin als in [den] alten Garten". Ein anderes Mal schrieb sie: „Itzo muß ich in [den] Gärten und auf dem Lande sorgen, daß immer gerecht und gehackt wird. […] Ich will alleweile in Garten und Kirschen lassen pflücken, es werden welche eingemacht und auch gedörrt. […] Heute habe ich zum ersten Mal aus dem alten Garten Kirschkuchen gebacken". Auch Misserfolge wurden nicht verschwiegen: „Über etwas bin ich auch recht verdrüßlich: daß die Bohnen nicht gerathen; […]. Wenn nun die Nächte so kalt bleiben, so wird auch wenig wachsen."

Goethe sorgte für Saatgut und Pflanzen und gab Christiane Hinweise, wie diese zu behandeln seien und wohin er jene gepflanzt haben möchte. „Ich habe Götzen aufgetragen dir einige Schock Kohlrabipflanzen zu schicken, […]. Versäume ja nicht sogleich Spinat zu säen. […] Lebe recht wohl und liebe mich. Jena, den 29. April 1796."

In sogenannten Gartenmemoranden wurden erforderliche Gartenarbeiten aufgelistet. Darin ist unter anderem die Rede von Arbeiten am „Spargelland", vom Düngen, dem Versetzen von Rosen, Beerensträuchern, Kirschen und anderen Obstbäumen sowie von Zaun- und Wegreparaturen.

Im Alter von acht Jahren begann August, dem Vater Nachrichten zu senden, die er mit dem Namen „Göthe" unterschrieb und die Christiane ihren Briefen beilegte. „Lieber Vater! Jetzt habe ich sehr viel Vergnügen in unserm Garten, denn die schönen Birnen sind reif […] ich hätte sie nicht alle herabgebracht, wenn mir mein liebes Mütterchen nicht geholfen hätte. […] behalten Sie mich lieb." Berichtete Christiane von Ernteerfolgen, schilderte August seine Treffen mit Gleichaltrigen zum Kegeln, Ostereiersuchen, Bogenschießen und vom Spielen mit Kastanien.

Der Garten war auch Teil des Erziehungsprogramms für den Sohn, der ein eigenes Areal umsorgte. So teilte der Neunjährige dem Vater mit: „Am Montage nach Mittag war ich mit Herrn Eiserten, […] im alten Garten, wo wir zuerst den Ball spielten und Veilchen suchten; hierauf bewaffneten wir uns mit Rechen und Hacken und fingen an, mein kleines Gärtchen von Laub und Unkraut zu reinigen, so daß es nun recht hübsch aussieht." Mit Vorliebe half August beim Ernten. Er berichtete vom Zwetschgenschütteln im alten Garten, die anschließend auf Stroh gelagert werden oder von den „Birnen von dem kleinen Bäumchen", die abgenommen werden müssen. Ein anderes Mal übermittelte die Mutter: „August grüßt. Er hat das Heumachen besorgt".

Zu den zyklischen Gartenarbeiten zählte das alljährliche Ernten im Herbst. Im Jahr 1797 war Christiane „mit dem Obstabnehmen im alten Garten und mit dem Krautland beschäftigt, und [...] mit beiden sehr zufrieden. [...] Ich habe 15 Körbe Kartoffeln gebaut. [...] viel Zwetschgen getrocknet und Äpfel." Das Obst wurde an Bekannte und Freunde verteilt, das Heu verkauft. Im Frühjahr war für gewöhnlich von der üppigen Baumblüte die Rede, die auf eine reiche Ernte hoffen lasse und dann wieder vom Regenwetter, das die Baumblüte zerstöre. Wir erfahren von Rapontica-, Reseda- und Stiefmütterchensamen, Schachteln mit Pflanzen aus Jena und Bohnenstangen, die Goethe zum Aufstellen geschickt habe.

Immer wieder forderte Goethe seine Frau auf, ihre Wünsche zu benennen. Entsprechend sendete er aus Jena Kohlrabi und Kohlpflanzen, einen langen Kasten mit „24 Diptampflanzen", ein anderes Mal Federnelken, Wochen später Pflanzen, die Christiane „in den Rabatten vertheilen und an Stäbchen anbinden" soll.

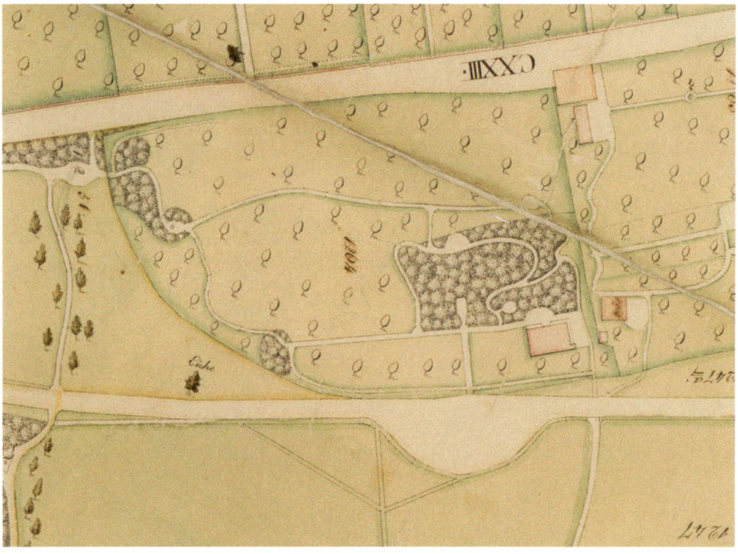

Abb. 9 | Goethes Gartenhaus, Ausschnitt aus Johann Valentin Blaufuß' Plan der Großherzoglichen Residenzstadt Weimar, 1818/22

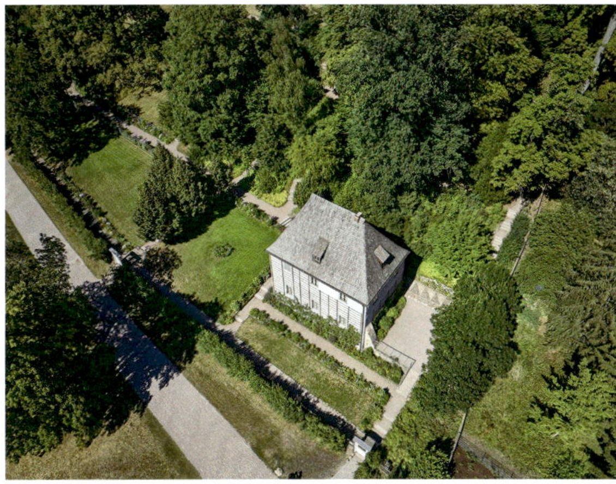

Abb. 10 | Goethes Garten aus der Vogelperspektive

Im Juni 1810 waren die Nächte so kalt, dass Bohnen und Gurken erfroren sind. Im Garten am Stern wurden stets Kartoffeln und auch Weizen angebaut. Christiane beteiligte sich am Tausch von Saatgut und legte 1815 „ein Packetchen für Harras [in Jena] bei, es ist veronesischer Broccoli-Samen, zugleich 4 Körner von Pinien."

Nach Christianes Tod 1816 übernahm August die regelmäßige Berichterstattung an den abwesenden Vater. Ein Jahr später ehelichte er Ottilie von Pogwisch. Das junge Paar entdeckte den Garten am Stern für sich. „Die Schönheit des unteren Gartens ist über alle Beschreibung", berichtete August dem Vater. „Wir genießen ihn täglich indem ich mit meiner Frau, beinahe jeden Abend, nach vollbrachten Geschäften den Thee daselbst trinke, und dann vergnügt um 8 Uhr wieder nach Hause zurückkehre." August und Ottilie knüpften auch an die Tradition an, gelegentlich Gäste im unteren Garten zu bewirten. Goethe selbst behielt bis ins hohe Alter seine Gewohnheit bei, sich zeitweise in sein Gartenhaus zurückzuziehen.

Es ist Goethes Frau Christiane zu verdanken, dass im Jahre 1795 dem Gesuch des Herzogs nicht nachgegeben wurde, den Garten in den wachsenden Park einzubeziehen.

Nach Goethes Tod wurden aus Pietätsgründen kaum Veränderungen im Garten am Stern vorgenommen. Auch später ging es bei Erhaltungs- und Pflegemaßnahmen vorrangig darum, den Garten weitgehend so erscheinen zu lassen, wie er in den letzten Lebensjahren Goethes aussah (Abb. 9). Ein Prozess, der bis heute anhält. So ist Goethes erstes Weimarer Refugium in seiner dreiteiligen Struktur mit seinem „englischem Gartenteil", der großen Obstwiese und den von Blumenrabatten umsäumten ehemaligen Gemüsebeeten, an deren Stelle heute allerdings Gras wächst, bis heute erhalten geblieben (Abb. 10).

AS

Sag' ich's euch, geliebte Bäume,
Die ich ahndevoll gepflanzt,
Als die wunderbarsten Träume
Morgenröthlich mich umtanzt.
Ach, ihr wißt es wie ich liebe
Die so schön mich wieder liebt,
Die den reinsten meiner Triebe
Mir noch reiner wiedergibt.

Wachset wie aus meinem Herzen,
Treibet in die Luft hinein!
Denn ich grub viel Freud- und Schmerzen
Unter eure Wurzeln ein.
Bringet Schatten, traget Früchte,
Neue Freude jeden Tag.
Nur daß ich sie dichte, dichte,
Dicht bei ihr genießen mag!

Johann Wolfgang Goethe, 1780

Goethe legte diese auf den 16. Dezember 1780 datierten Verse vermutlich am darauffolgenden Tag seinem Brief an Charlotte von Stein bei. In diesem Brief heißt es: „Ich hab eine grose Unterredung mit meinen Bäumen gehabt, und ihnen erzählt wie ich Sie liebe." Erst im Jahr 1848 wurde das Gedicht aus dem Nachlass gedruckt.

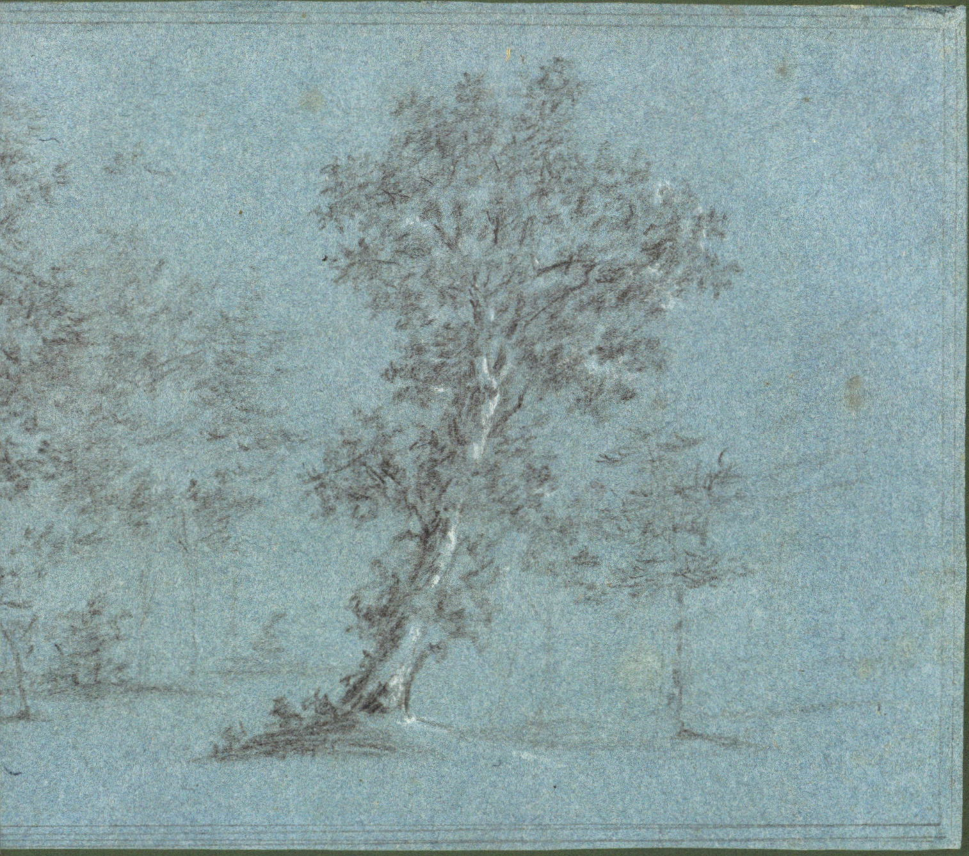

Johann Wolfgang Goethe,
Baumschlag, 1767/68

POESIE IN BRIEFEN – LIEBESERKLÄRUNGEN AN CHARLOTTE VON STEIN

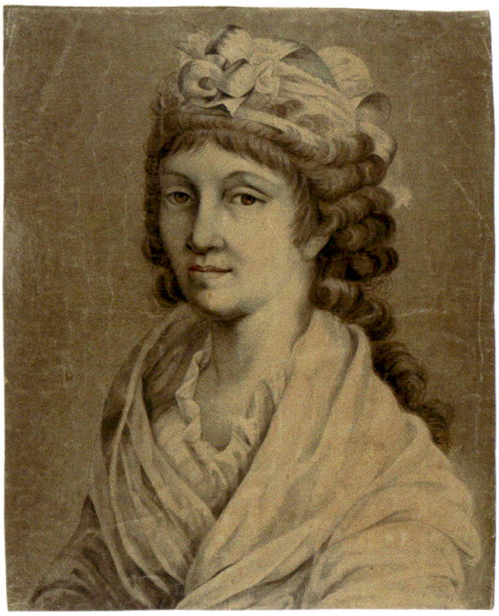

Abb. 1 | Johann Heinrich Meyer, Charlotte von Stein, 1792

Den einzigen Lotte welchen du lieben kanst
Foderst du ganz für dich und mit Recht.

Mit diesen Versen beginnt Goethe seinen Brief an Charlotte von Stein vom 9. Oktober 1781. Als Höhepunkt einer Reihe vergleichbarer persönlicher und zugleich ins Allgemeine weisender poetischer Liebeserklärungen, die sich unter den Briefen an Charlotte von Stein finden, besiegeln sie die ‚offenbare geheime' Verbindung der beiden. An die Öffentlichkeit gelangten die Verse erst 1789 unter dem den persönlichen Bezug verschleiernden Titel *An Lida*.

Charlotte von Stein wäre ohne ihre Beziehung zu Goethe heute wohl nur noch wenigen bekannt (Abb. 1). Ihr Leben ist dennoch keineswegs auf ein Dasein als Goethes ‚Muse' oder ‚Bildungserlebnis' zu reduzieren. Neben ihren Repräsentationspflichten als Angehörige des Hofadels und Frau des herzoglichen Oberstallmeisters oblagen ihr die Organisation des Haushalts in Weimar und Kochberg, die Sorge für die Erziehung der Kinder, das Wohlergehen ihres Mannes sowie weiterer Familienmitglieder und Freunde. In keiner Phase ihres Lebens aber beschränkte sie sich auf diese traditionell weiblichen Rollen. Literarisch gebildet und geistig eigenständig, trat sie selbst als Autorin hervor, verfasste Dramen, Erzählungen und Gedichte, zeichnete und musizierte, trieb botanische Studien, interessierte sich für Gesteinskunde, Astronomie, Philosophie und das Zeitgeschehen.

Als Hofdame der Herzoginmutter Anna Amalia (bis 1764), als Vertraute der jungen Herzogin Luise, befreundet mit Herzog Carl August, Christoph Martin Wieland, Caroline und Johann Gottfried Herder, Charlotte und Friedrich Schiller sowie lebenslang verbunden mit dem Prinzenerzieher, Übersetzer, Dichter und Goethe-Freund Carl Ludwig von Knebel war Charlotte von Stein eine der zentralen Figuren im Weimar des ausgehenden 18. und beginnenden 19. Jahrhunderts.

Als ihr der 26-jährige Frankfurter Dichter kurz nach seiner Ankunft in Weimar im November 1775 zum ersten Mal begegnete, war sie noch keine 33 Jahre alt und seit elf Jahren mit dem Kochberger Gutsherrn und herzoglichen Oberstallmeister Josias von Stein verheiratet. Sie hatte sieben Kinder geboren, von denen nur die drei Söhne noch am Leben waren. Ihr Mann wurde von den Zeitgenossen als weltgewandter Kavalier, zuverlässiger Beamter, angenehmer Gesellschafter, guter Tänzer und hervorragender Reiter beschrieben. Einen Großteil seiner Zeit verbrachte er auf dienstlichen Reisen, etwa um den Herzog zu begleiten oder um Pferde zu kaufen. Statt wissenschaftlicher oder künstlerischer Ambitionen besaß er eine Neigung fürs Praktische. Anders als seine Frau war er selten zu Hause und verkehrte, wenn er in Weimar war, fast täglich bei Hof. Das Paar führte, wie in adligen Ehen der Zeit nicht ungewöhnlich, ein Leben in getrennten Räumen und unterschiedlichen sozialen Kreisen.

Die Beziehung Goethes und Charlotte von Steins begann um die Jahreswende 1775/76. Bis zum September 1786 blieb Charlotte

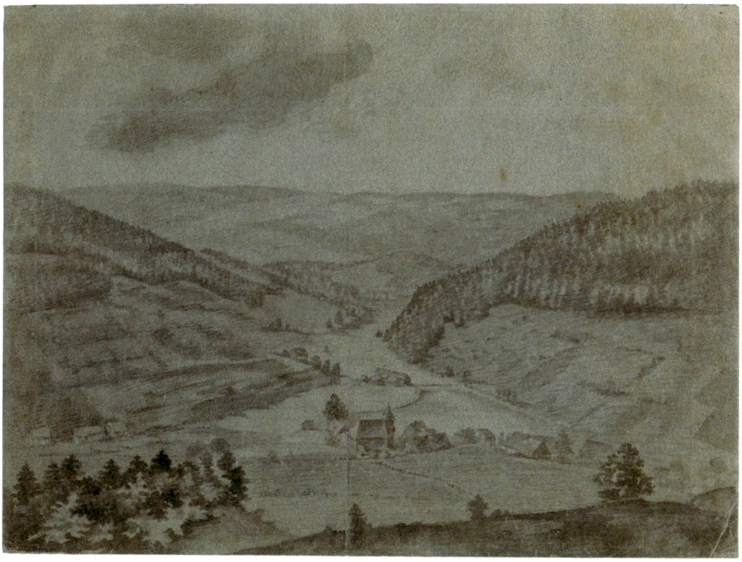

Abb. 2 | Briefbeilage von Johann Wolfgang Goethe, Stützerbacher Grund, 10. August 1776

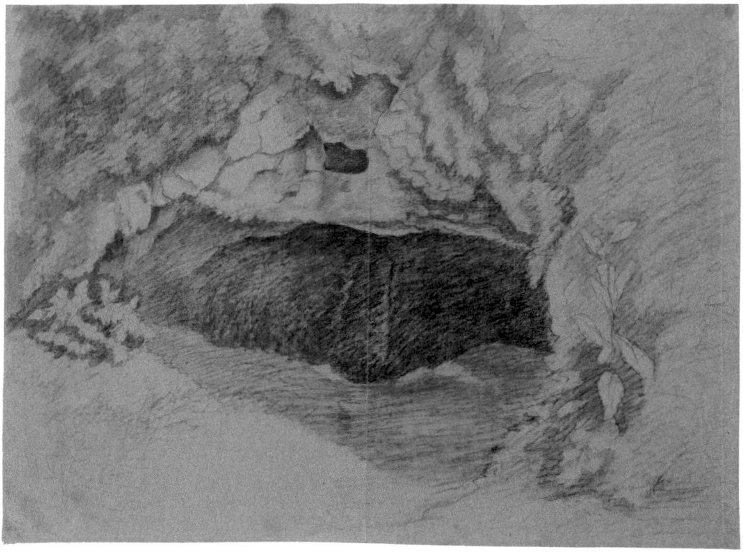

Abb. 3 | Briefbeilage von Johann Wolfgang Goethe, Höhle am Hermannstein, 10. August 1776

Goethes wichtigste Bezugsperson. Die meisten seiner Briefe an sie, fast 1600, stammen aus diesem Jahrzehnt (Abb. 2 und 3). Häufig lagen ihnen Zeichnungen bei. Die Briefe gehören zu den schönsten, aber auch ungewöhnlichsten Liebesbriefen der Weltliteratur. Noch immer geben sie Rätsel auf, nicht zuletzt, weil die Gegenbriefe aus der frühen Zeit nicht überliefert sind. Angesichts der Intensität und Vertraulichkeit, mit der Goethe im Januar 1776 seine Korrespondenz begann, muss er wohl von Anfang an das Interesse Charlotte von Steins an seiner Person und ihre Anteilnahme an seinem Leben gespürt haben. Der vertraute Umgang mit ihr, die durch ihre Herkunft, Erziehung und gesellschaftliche Stellung im Milieu des Hofes ganz zu Hause war, vermittelte ihm die Sicherheit, die ihm fehlte und die ihm auch die Freundschaft des jungen Herzogs nicht geben konnte. Auf das Werben des jungen Dichters reagierte Charlotte zunächst mit Zurückhaltung und Skepsis. Doch schon im Laufe des ersten Jahres vertiefte sich ihr Verhältnis. Anfang Oktober 1776 notierte sie auf der Rückseite eines Briefes von Goethe die folgenden Verse:

Obs unrecht ist was ich empfinde – –
und ob ich büßen muß die mir so liebe Sünde
will mein Gewißen mir nicht sagen;
vernicht' es Himmel du! wenn michs je könt anklagen

Schon um diese Zeit hatten sich im Tagesablauf des Paares Gewohnheiten herausgebildet, die sich im Laufe der Jahre mehr und mehr verfestigten: Am Morgen erkundigte sich Goethe brieflich nach dem Befinden der Freundin; den Tag verbrachten sie meist getrennt, zuweilen aß Goethe bei ihr zu Mittag. Wenn nicht Verpflichtungen bei Hofe es verhinderten, sahen sie sich am Abend, entweder im Haus der Steins oder im Gartenhaus Goethes. Von dort schrieb er am 19. Mai 1776 an die Freundin: „Zum erstenmal im Garten geschlafen, und nun Erdkülin für ewig. Da sind Spargel, erst iezt gestochen, lassen Sie sie nicht unter die andern kommen, essen Sie sie allein da Sie doch einmal das glückliche Vorurtheil dafür haben; wie mir's eben am besten schmeckt, wenn ich sie mit Ihnen esse. Sagen Sie mir wie's Ihnen heut Mitag ist. Ob ich kommen darf? Die Ruhe hierhaussen ist unendlich." Obwohl Goethe damals noch eine Wohnung in der Stadt im Haus des Hofkassierers König am heutigen Burgplatz gemietet hatte, hielt er sich schon wenige Monate nach der Inbesitznahme seines Gartens am Stern häufig dort auf und übernachtete sogar in dem damals noch verfallenen „Häusgen". Im November 1776 ließ er das Gartenhaus winterfest machen. Zum ständigen Wohnsitz wurde es aber erst nach dem Umbau im darauffolgenden Frühjahr. Am 17. März 1777 vermerkte er im Tagebuch „Grundstein gelegt zum Angebäude", dem heute nicht mehr vorhandenen Altan an der Südseite des Gartenhauses. Am selben Tag bat er Charlotte brieflich, „schicken Sie mir etwas das ich in Ihrem Nahmen in Grund legen kann". Die Freundin muss seine Bitte umgehend erfüllt haben. Denn in einem Nachtrag zu diesem Brief heißt es: „Dancke bester Engel für's überschickte es soll wohlverwahrt in Grund kommen." Was Charlotte von Stein für die Grundsteinlegung geschickt hat, ist nicht bekannt. Es wird wohl etwas Haltbares gewesen sein, vielleicht Münzen, eine Petschaft oder ein Schmuckstück. Ganz sicher aber war es eines der persönlichen Geschenke, wie sie Goethe im Laufe der Jahre von der Freundin noch oft erhielt und die für ihn als Erinnerungszeichen oder Talisman symbolischen Wert besaßen. Im Gegenzug schickte er ihr unter anderem Spargel und Früchte aus seinem Garten, zeitweise begleiteten Blumen fast jeden Brief an sie. Nicht selten wurden solche vergänglichen Gaben von

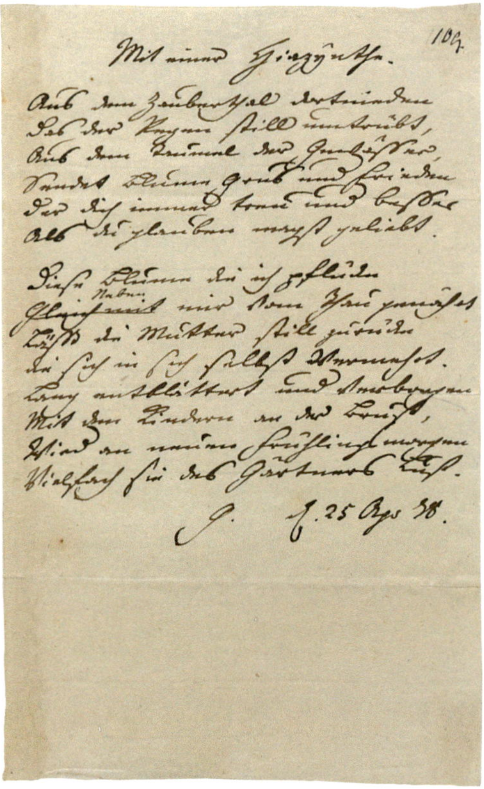

einem dauerhafteren Gruß begleitet, wie am 25. April 1778, als Charlotte von Stein nicht nur eine Blume, sondern auch den folgenden Gedichtbrief erhielt (Abb. 4):

Mit einer Hiazynthe.

Aus dem Zauberthal dortnieden
Das der Regen still umtrübt,
Aus dem Taumel der Gewässer,
Sendet Blume Grus und Frieden
Der dich immer treu und besser
Als du glauben magst geliebt.

Diese Blume die ich pflücke
Neben mir vom Thau genährt
Lässt die Mutter still zurücke
Die sich in sich selbst vermehrt.
Lang entblättert und verborgen
Mit den Kindern an der Brust,
Wird an neuen Frühlingsmorgen
Vielfach sie des Gärtners Lust.

Abb. 4 | Briefbeilage von Johann Wolfgang Goethe, Mit einer Hiazynthe, 25. April 1778

Im Unterschied zu anderen Charlotte von Stein übersandten Gedichten wurde *Mit einer Hiazynthe* zu Lebzeiten Goethes nicht veröffentlicht und auch in die von ihm selbst noch autorisierten Werkausgaben nicht aufgenommen. Es erschien erstmals 1848 unter seinen *Briefen an Frau von Stein*. Im Frühjahr 1778 lagen den Briefen auffallend häufig Pflanzen aus Goethes Garten bei, allerdings meist ohne dass wie im vorliegenden Fall deren botanische Namen erwähnt wurden. Insbesondere die zweite Strophe des *Hiazynthen*-Gedichts verweist auf Goethes erwachende botanische Interessen, die damals eng mit seinem Leben im Gartenhaus und der Arbeit im Garten verbunden waren und für die er auch Charlotte von Stein begeisterte. Das „Zauberthal dortnieden" kann als Metapher für das Ilmtal gelesen werden, von Goethe in

Briefen und Gedichten dieser Zeit häufig auch als sein „liebes Tal“ erwähnt. Es verband ihn mit der Freundin, die jenseits des Tales nur wenige hundert Meter entfernt im sogenannten Stiedenhaus wohnte, damals das einzige Gebäude an der Ackerwand (Abb. 5). Im Herbst und Winter erlaubte ihm das „abgefallne Laub“ sogar ihre „Wohnung sehn“ zu können. Auch der „Taumel der Gewässer“ spielt auf die Lage des Gartens oberhalb des Sterns an, der damals vollständig von der Ilm und dem Floßgraben eingeschlossen war.

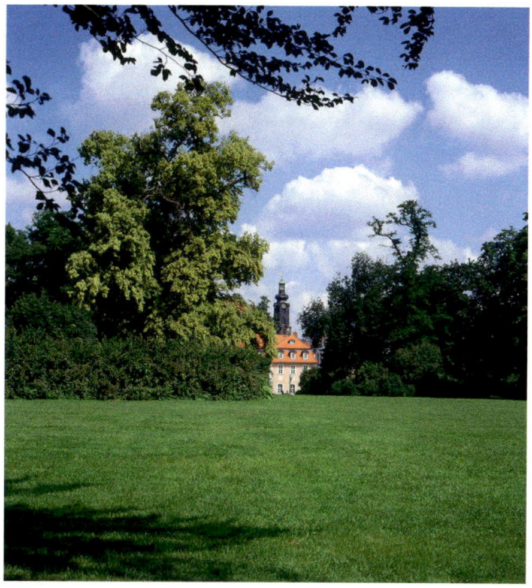

Abb. 5 | Blick aus der Richtung von Goethes Gartenhaus zum Haus der Frau von Stein

Zum Garten gelangte man nur über Brücken, die mit abschließbaren Türen versehen waren, für die Goethe offenbar selbst gesorgt hatte. Wieland beklagte sich in einem Brief an Johann Heinrich Merck vom 12./13. April 1778, dass er Goethe nicht mehr besuchen könne, seitdem dieser „beynah alle Zugänge barricadiert“ habe. Nur mit „einem Zug Artillerie oder wenigstens mit ein paar ZimmerLeuten, die einem die Zugänge mit ihren Äxten öfnen“, könne man zu ihm vordringen. Charlotte von Stein freilich benötigte weder „ZimmerLeute“ noch „Äxte“, um zu Goethes Garten zu gelangen. Schon am 9. Januar 1778 hatte ihr der Hausherr „den Schlüssel“ zu seinen „Gegenden“ übersandt, und zwar mit der Versicherung, „den andern Schlüssel“, nämlich den zu seinem Herzen, „haben Sie lang“. So konnte Charlotte von Stein den Garten auch dann besuchen, wenn Goethe auf Reisen war. „Geniesse doch ia des ersten Grüns und der Nachtigallen in meinem Garten“, forderte er sie im Mai 1782 in einem Brief aus Gotha auf. Vom 16. zum 17. Juni desselben Jahres übernachtete die Freundin sogar im Gartenhaus. Goethe selbst wohnte zu dieser Zeit bereits in der repräsentativen Stadtwohnung am Frauenplan.

Nicht genau zu datieren ist Goethes Zeichnung der *Floßbrücke (Naturbrücke) im Weimarer Park,* die aus einem Winter der Jahre 1777 bis 1779 stammt und sich wahrscheinlich im Besitz

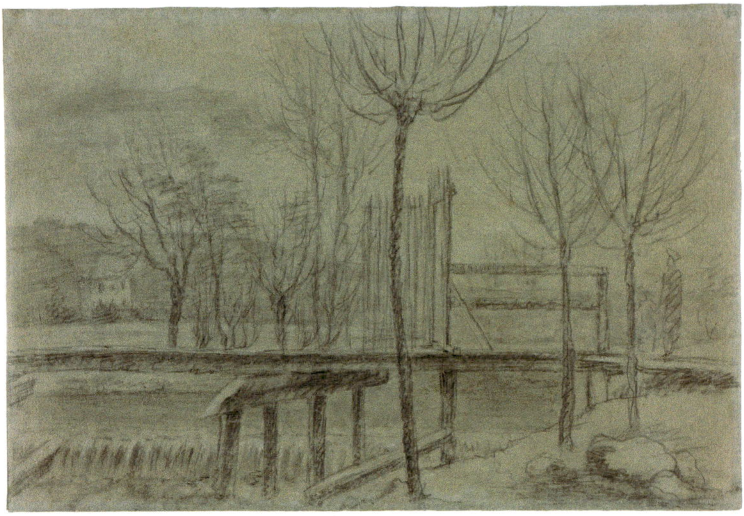

Abb. 6 | Johann Wolfgang Goethe, Floßbrücke (Naturbrücke) im Weimarer Park, 1776/79

Charlotte von Steins befand (Abb. 6). Im Hintergrund links sieht man das Gartenhaus sowie zwei Figuren, bei denen es sich um Goethe selbst und Friedrich von Stein, „Fritz", wie ihn Goethe nannte, den jüngsten am 26. Oktober 1772 geborenen Sohn der Freundin, handeln könnte. Ihn nahm Goethe zunächst vorübergehend in seinem Gartenhaus auf, allerdings erst im Mai 1782. Ein Jahr später übersiedelte Fritz dauerhaft ins Haus am Frauenplan. Er war nicht nur Goethes wissbegieriger Schüler, zuweilen auch sein ‚Sekretär' und Reisebegleiter, sondern ein „liebes Andencken" an die Freundin und gleichsam ihr lebendes „Bildniß", das er mehr als dreieinhalb Jahre ständig vor Augen hatte und das die Bindung an Charlotte von Stein noch einmal vertiefte (Abb. 7).

An diese besondere Beziehung erinnern im Garten am Stern zwei Architekturen: Der schon Anfang 1777 aufgestellte *Stein des guten Glücks,* für Goethe noch im November 1782 „der einzige lichte Punckt" in seinem Garten. Das zweite Denkmal befindet sich am oberen Wiesenhang hinter dem Gartenhaus, Goethes ‚Lieblingsplatz', wie es heißt.

Eine Zäsur im Zusammenleben bildete die Reise nach Italien, zu der Goethe im September 1786 aufgebrochen war, ohne die Freundin in seine Pläne einzuweihen. Nachdem sich Charlottes Verärgerung über den heimlichen Aufbruch und das lange Ausbleiben seiner Briefe gelegt hatte, schrieb man sich zwar wieder, spätestens mit der Neapel- und Sizilienreise im März 1787 verminderte sich aber Goethes Bedürfnis nach dem brieflichen Austausch, ohne den er in Weimar nicht hatte leben können. Die Briefe an die Freundin wurden um diese Zeit auffallend seltener. Nach seiner Rückkehr im Juni 1788 stellte sich das frühere enge Verhältnis nicht wieder her, im Frühsommer 1789 kam es zum Bruch zwischen Charlotte von Stein und Goethe, der um diese Zeit schon mit Christiane Vulpius zusammenlebte.

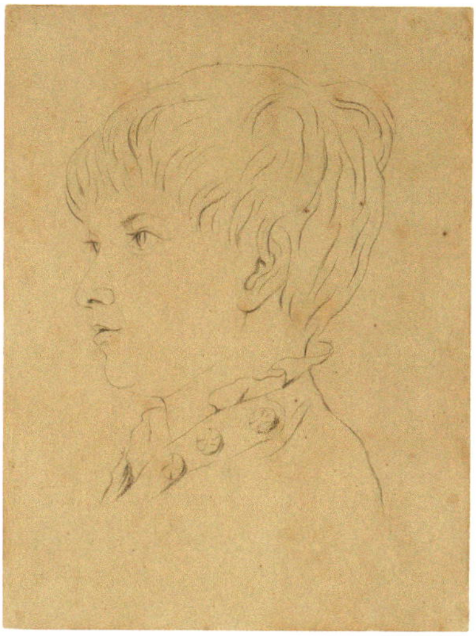

Abb. 7 | Johann Wolfgang Goethe, Fritz von Stein, 1777

Bereits am 14. Juni 1787 war nach fast zweijähriger Krankheit Charlotte von Steins mittlerer Sohn Ernst gestorben. Ende 1793 starb Josias von Stein, gleichfalls nach längerer Krankheit. Der älteste Sohn Carl übernahm Schloss und Gut Kochberg. Der jüngste Sohn Fritz, vorübergehend sachsen-weimarischer Kammerherr, trat 1798 in preußische Dienste und lebte fortan in Schlesien. Nach dem Tod ihres Mannes und dem Weggang der Söhne wandte sich Charlotte von Stein wieder stärker ihren literarischen Interessen zu. Ihre Briefe aus diesen Jahren zeugen von einem regen Interesse an Neuerscheinungen vor allem der deutschen Literatur. 1794/95 entstand ihr Trauerspiel *Dido,* 1798/99 das Lustspiel *Neues Freiheits-System oder Die Verschwörung gegen die Liebe.* Sie pflegte ihre alten Freundschaften, insbesondere mit Wieland, dem Ehepaar Herder, Herzogin Luise, Knebel und Charlotte Schiller geborene von Lengefeld. Durch diese lernte sie auch Friedrich Schiller kennen, der 1803 die Veröffentlichung ihres Dramas *Die zwey Emilien* bei Cotta in Stuttgart vermittelte. Lange Zeit galt das anonym erschienene Stück als ein Werk Schillers. Etwa seit dem Frühjahr 1796 kam es durch Vermittlung des Ehepaars Schiller auch zu einer vorsichtigen Wiederannäherung zwischen Charlotte von Stein und Goethe. Herzlicher wurde das Verhältnis aber erst nach Goethes schwerer Erkrankung im Jahr 1801, auf die Charlotte mit großer Anteilnahme reagierte. Seit 1804 nahm sie regelmäßig an den Gesellschaften in Goethes Haus teil, nach 1810 entwickelte sich allmählich eine Altersfreundschaft, die bis zum Tod Charlotte von Steins am 6. Januar 1827 bestehen blieb.

ER

Merkulo. Mein Prinz ist von zärtlichen, äußerst empfindsamen Nerven, daß er sich gar sehr vor der Luft, und vor schnellen Abwechselungen der Tageszeiten hüten muß. Freylich unter freyem Himmel kann man's nicht immer so temperirt haben, wie man wünscht. Die Feuchtigkeit des Morgen- und Abendthaues halten die Leibärzte für höchst schädlich, den Duft des Mooses und der Quellen bey heißen Sommertagen für nicht minder gefährlich! Die Ausdünstungen der Thäler, wie leicht geben die einen Schnupfen! Und in den schönsten, wärmsten Mondnächten sind die Mücken just am unerträglichsten. Hat man sich auf dem Rasen seinen Gedanken überlassen, gleich sind die Kleider voll Ameisen, und die zärtlichste Empfindung in einer Laube, wird oft durch eine herabfahrende Spinne gestört. […]

Sora. O, wenn je ein Mittel gegen die Mücken und Spinnen erfunden werden sollte, machen Sie es doch ja gemeinnützig! Denn wenn man oft in himmlischen Entzückungen aufgefahren ist, erinnert einen das leidige Geziefer, mit seinen Stacheln und krabbligen Füßen, gleich wieder an die Sterblichkeit.

Aus: Johann Wolfgang Goethe, Der Triumph der Empfindsamkeit, 1777

Natur ja – aber bitte ohne störende Gerüche oder Insekten! Ungefähr so lässt sich das Naturverständnis zusammenfassen, das die Figur des Prinzen Oronaro in Goethes 1777 entstandenem Theaterstück *Der Triumph der Empfindsamkeit* vertritt. Im Weimarer Hoftheater uraufgeführt, lässt sich das Stück auch als Satire auf und Kritik an einem einseitigen Naturverständnis innerhalb der Mode der Empfindsamkeit verstehen.

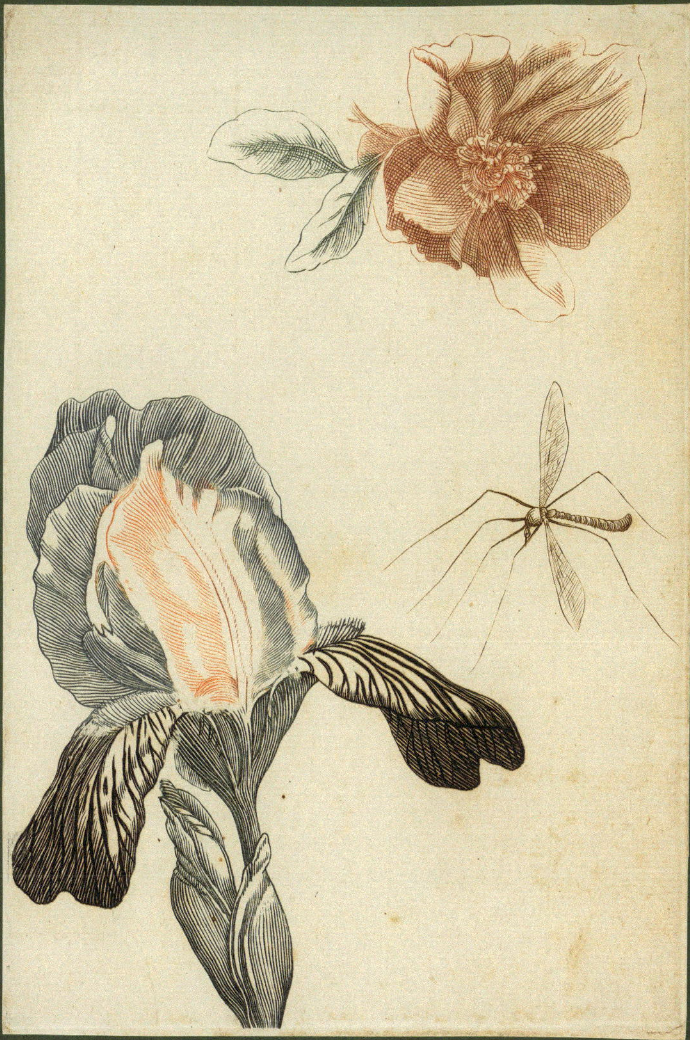

Maria Sibylla Merian, Iris, Heckenrose und Mücke, um 1700, aus Goethes Sammlung

GOETHES „MONDSCHEINE" – DICHTEN UND ZEICHNEN IM LICHT DER NACHT

Mondschein war für den jungen Goethe zunächst ein Requisit der Empfindsamkeit, jener auf Gefühle und Innerlichkeit bedachten Literatur zwischen Rokoko und Romantik. In seinem im Spätsommer 1777 begonnenen satirischen Theaterstück *Der Triumph der Empfindsamkeit* erfand Goethe die Figur des Prinzen Oronaro, der nicht ohne seine Kästen auf Reisen geht. Daraus zaubert der Prinz die perfekten Bestandteile einer empfindsamen Liebesstimmung hervor – vor allem den Mondschein. Der Mond verfehlt nie seinen Effekt, heißt es in dem Stück mit ironischem Unterton. Worin aber genau die Wirkung von echtem Mondschein bestehe, das interessiere kaum jemanden. Man begnüge sich damit, „daß die Sache einen besondern Effekt tut".

Zur gleichen Zeit, als Goethe diese Distanz gegenüber der Mondschein-Mode formulierte, folgte er des Nachts im Garten am Stern seiner Faszination für das Gestirn, wie Gedichte, Zeichnungen und Notizen belegen. Am 2. Juli 1776 schrieb er etwa an Charlotte von Stein: „Nachts hab eilf der Mondschein war so göttlich ich lief noch ins Wasser. Auf der Wiese und Mond."

Der Mond war darüber hinaus eine Art Erinnerungszeichen zwischen ihm und der Freundin, wie aus dem Brief vom 23. August 1776 hervorgeht: „Beym Monde dencken Sie mein." Vermutlich wird die Vertraute auch während der Aufführung oder der Lektüre von *Der Triumph der Empfindsamkeit* im Jahr 1778 an ihrer beider Beziehung gedacht haben. Denn dass sich Goethe, anders als der Prinz Oronaro, nicht mit Effekthascherei begnügte, wusste sie am allerbesten. Goethes heute wohl berühmtestes Mond-Gedicht hatte er nur für sie geschrieben. Er ließ es zu Lebzeiten nicht drucken – vielleicht, um den intimen Charakter der

Verse nicht anzutasten, vielleicht aber auch, um keine populären Themen zu bedienen. Zumal der 20-jährige Goethe bereits in den *Neuen Liedern* im Jahr 1769 ein Gedicht mit dem Titel *An den Mond,* in späteren Ausgaben in *An Luna* umbenannt, publiziert hatte. Im Jahr 1789 veröffentlichte er eine zweite, in einigen Strophen ähnliche Fassung seines Mond-Gedichts für Charlotte von Stein. In dieser späteren Phase seines Schaffens konnte Goethe sicher sein, als Autor eines so klassischen Werks wie der *Iphigenie* und kurz nach Vollendung des *Torquato Tasso* nicht mehr mit einem empfindsamen Mondschein-Dichter verwechselt zu werden.

Die frühe Fassung des Gedichts hatte Goethe einem Brief an Charlotte von Stein beigelegt, der in die Zeit zwischen August 1777 und Ende Januar 1778 datiert wird (Abb. 1):

An den Mond

Füllest wieder's liebe Thal
Still mit Nebelglanz
Lösest endlich auch einmal
Meine Seele ganz

Breitest über mein Gefild
Lindernd deinen Blick
Wie der Liebsten Auge, mild
Über mein Geschick.

Das du so beweglich kennst
Dieses Herz im Brand
Haltet ihr wie ein Gespenst
An den Fluß gebannt

Wenn in öder Winternacht
Er von Todte schwillt
Und bey Frühlingslebens Pracht
An den Knospen quillt.

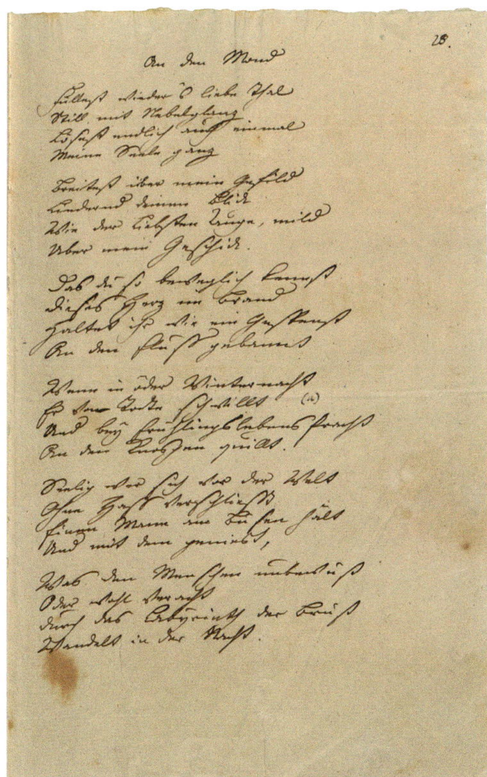

Abb. 1 | Briefbeilage von Johann Wolfgang Goethe, An den Mond, 1777/78

Seelig wer sich vor der Welt
Ohne Hass verschließt
Einen Mann am Busen hält
Und mit dem genießt,

Was den Menschen unbewust
Oder wohl veracht
Durch das Labyrinth der Brust
Wandelt in der Nacht.

Goethe fügte den eigenhändigen Zeilen die Noten eines damals bekannten Mond-Liedes von Philipp Christoph Kayser bei, den er aus Frankfurter Zeiten kannte. Kayser hatte mit der Melodie ein Gedicht von Heinrich Leopold Wagner vertont. Diesem könnte man einerseits tatsächlich eine etwas modische Sentimentalität bescheinigen. Andererseits waren es empfindsame Gedichte und Lieder wie das von Wagner, die es damals erlaubten, überhaupt über Sinnlichkeit und Gefühle zu sprechen. Es war im Aufklärungszeitalter das Verdienst der Empfindsamkeit, dem allzu rationalen Menschenbild die Idee vom Individuum entgegenzustellen, das sich mit seinen Gefühlen identifizieren kann und darf. Auch wenn Goethe im *Triumph der Empfindsamkeit* mit dem Gefühlskult seiner Zeit ironisch ins Gericht geht, so verdankt er der neuen Aufmerksamkeit für alles Individuelle und Emotionale zugleich auch wichtige Impulse für seine Dichtung.

Dass Goethe im Brief an Charlotte von Stein Wagners Gedicht durch sein eigenes ersetzte, zeigt, wie er arbeitete – hier wie auch bei anderen Werken jener Schaffensphase. Goethe griff die Themen und Motive seiner Zeit auf, aber er eignete sie sich in einem doppelten Sinn an. Zum einen verfasste er Gedichte und Prosatexte, um persönliche Situationen und Gefühle zu reflektieren, wie hier die enge Beziehung zu Charlotte von Stein. Zum anderen schrieb er Verse, um eine Literatur zu schaffen, die über bloß poetisierte Gefühlsinhalte, wie er sie an der Poesie des Rokoko und der Empfindsamkeit kritisierte, weit hinausgeht. Leidenschaft und Professionalität verbinden sich.

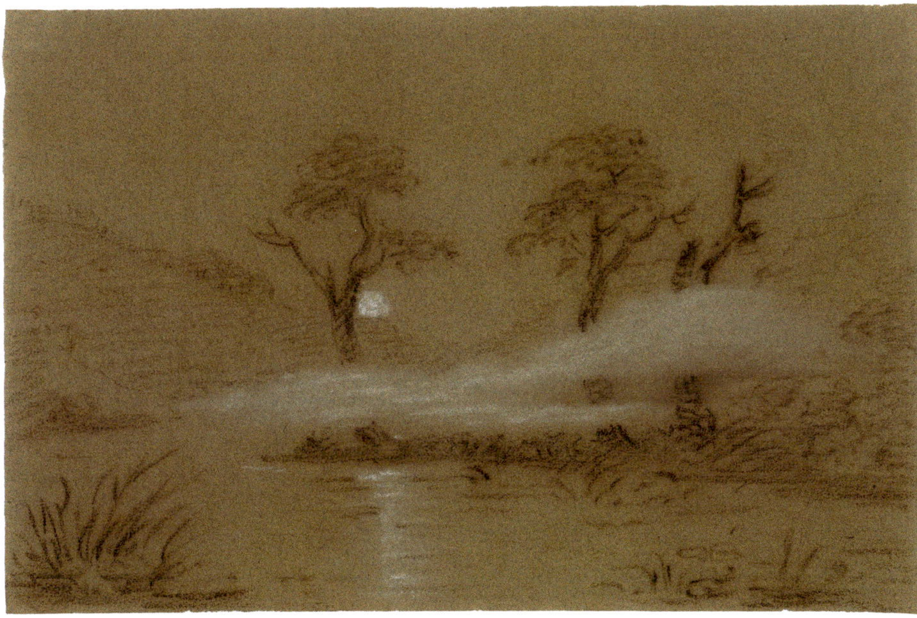

Abb. 2 | Johann Wolfgang Goethe, Aufgehender Mond am Fluss, um 1777

Mit Gedichten wie *An den Mond* fand Goethe zu einer anspruchsvollen Liebeslyrik, die für die romantische Epoche maßgeblich wurde.

Es ist möglich, dass die Verse über das mondbeschienene Tal und den Fluss in *An den Mond* indirekt auf den Park an der Ilm Bezug nehmen. Und dass die in der zweiten Strophe genannte Geliebte ihre Entsprechung in Charlotte von Stein hat. In seinen Tagebüchern verwendete Goethe als Kürzel für die Vertraute das astronomische Sonnen-Zeichen ⊙. Der Mond erhält bekanntlich sein Licht von der Sonne.

Aber die Verse lassen sich auch losgelöst von konkreten Personen lesen. Im Mittelpunkt steht die wohltuende Wirkung des Mondlichts. Der Anblick des Gestirns wird mit dem Blick der Geliebten verglichen. Das lyrische Subjekt des Gedichts erfährt einerseits Beruhigung in der nächtlichen Natur, andererseits fühlt es sich „an den Fluß gebannt". Während sich der Fluss im Fließen jederzeit erneuert, verharrt das Subjekt am Ufer und wird immer wieder auf seine Sehnsucht zurückgeworfen (Abb. 2). Ob ihm der Genuss und die Seligkeit der Liebe wirklich zuteilwerden wird, bleibt in dieser Situation mehr als ungewiss. Die Magie des Mondes besteht darin, dass sie das Sprechen über die Liebe ermöglicht – nicht mehr, aber auch nicht weniger. Der Mond vermittelt

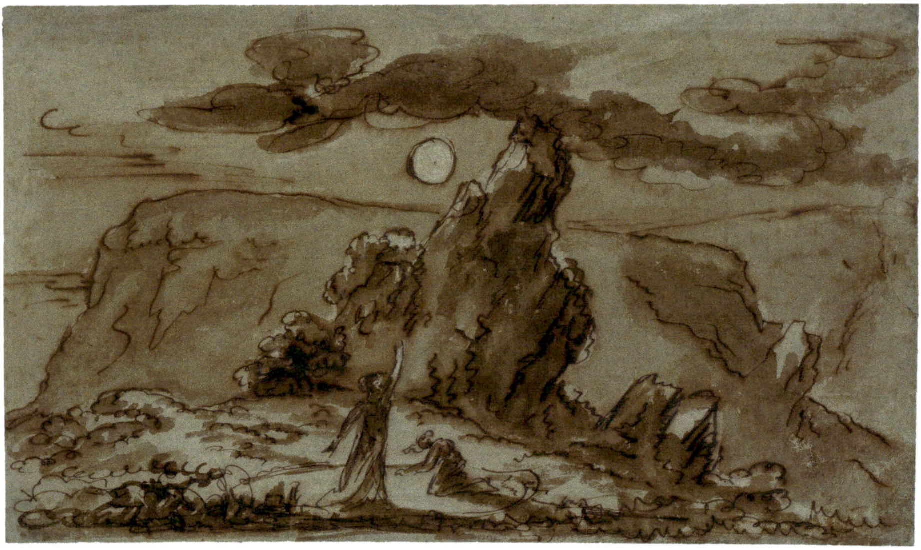

Abb. 3 | Johann Wolfgang Goethe, Mondbeschwörung, um 1812

zwischen der Sonne, von der er sein Licht hat, und der Erde, deren Elemente er des Nachts bestrahlt. Die mondbeschienene Landschaft ist eine natürliche Zwischenwelt, in der manche Gegensätze zueinanderfinden – zum Beispiel Himmel und Erde, aber ebenso Gefühl und Reflexion. Was weit auseinanderliegt, wie etwa die „Winternacht" mit ihren Stürmen und die „Frühlingspracht" mit ihrer Blüte, gelangt dank des vermittelnden Mondes in den Bereich des Sagbaren.

Goethes Faszination für den Mond zeigt sich an vielen Stellen seines Werks, etwa auch im Entwurf der Walpurgisnacht in *Faust II*, den man mit einer Zeichnung in Verbindung gebracht hat (Abb. 3). Nicht zuletzt steht die Mond-Begeisterung im größeren Zusammenhang der Goethe'schen Kosmologie. Sein Plan war es, ein großes universales Natur-Gedicht zu schreiben, wie Briefe an Charlotte von Stein vom 9. und 10. September 1780 belegen. Dazu kam es nicht. Goethe beschäftigte sich stattdessen als Astronom mit dem Mond. Im August 1799, als er sechs Wochen im Garten am Stern verbrachte, beobachtete er das Gestirn den ganzen Monat über durch ein Auchisches Teleskop. „Und so ward ich denn mit diesem, so lange geliebten und bewunderten Nachbar endlich näher bekannt", heißt es dazu in den *Tag- und Jahresheften*. An Schiller schrieb er am 21. August 1799: „Es ist eine angenehme Empfindung einen so bedeutenden Gegenstand, von dem man vor kurzer Zeit so gut als gar nichts gewußt, um so viel näher und genauer kennen zu lernen. [...] Die große nächtliche Stille hier außen im Garten hat auch viel Reiz, besonders da man morgens durch kein Geräusch geweckt wird".

Schilderungen von Sternenbeobachtungen finden sich auch in Goethes späteren Texten. In dem 1821 in erster Fassung erschienenen Roman *Wilhelm Meisters Wanderjahre* besucht der titelgebende Held Wilhelm eine Sternenwarte: „Nach einigen Stunden ließ der Astronom seinen Gast die Treppen zur Sternwarte sich hinauswinden, und zuletzt auf die völlig freie Fläche eines runden hohen Turmes heraustreten. Die heiterste Nacht, von allen Sternen leuchtend und funkelnd, umgab den Schauenden, welcher zum erstenmale das hohe Himmelsgewölbe in seiner ganzen Herrlichkeit zu erblicken glaubte." Aber der Blick durchs Teleskop ist für Wilhelm nicht nur genussvoll, sondern zugleich verstörend – zu ungeheuer und monströs wirkt der Kosmos, zu klein und unbedeutend kommt er sich diesem gegenüber als Mensch vor und zu ungewiss sind die Verheißungen der astrologischen Zeichen. Ernüchtert verlässt er die Sternwarte. Vom Standpunkt des Individuums, das in der großen weiten Welt seinen Weg finden muss, kann die Wissenschaft offenbar doch nicht immer weiterhelfen. Eine Brücke zurück zur stärker emotionalen Mond-Betrachtung, die das Gedicht an Charlotte von Stein vermittelt, baut vielleicht eine Bemerkung aus Goethes 1805 veröffentlichtem Sammelband zu Johann Joachim Winckelmann: „Denn wozu dient alle der Aufwand von Sonnen und Planeten und Monden, von Sternen und Milchstraßen, von Kometen und Nebelflecken, von gewordenen und werdenden Welten, wenn sich nicht zuletzt ein glücklicher Mensch unbewußt seines Daseins erfreut?"

Die „Mond"-Zeichnungen

Das Zeichnen war für Goethe ein Instrument, um die Welt in der Übertragung eines Gegenstandes auf Papier zu durchdringen und zu begreifen. Es verwundert daher nicht, dass er zeitgleich zu seiner lyrischen Auseinandersetzung den Mond in der zweiten Hälfte der 1770er Jahre immer wieder darstellte. Goethe nannte diese Zeichnungen „meine Mondscheine". Viele davon sind in

Weimar und Umgebung, etliche aber auch auf den Reisen jener Jahre entstanden. Einige zeigen dezidiert Motive aus dem Park an der Ilm. Dies scheint die Überlegung zu unterstützen, dass Goethe in seinem Gedicht *An den Mond* tatsächlich auf den Park Bezug nimmt, ebenso wie auf Charlotte von Stein. Denn viele Blätter waren Geschenke an seine Geliebte.

Die meisten seiner „Mondscheine" enthalten Elemente, die sich auch in Goethes Versen wiederfinden. Ein Blatt (vgl. Abb. 2) stimmt in seiner Darstellung dabei auffällig mit dem Text von *An den Mond* überein. Auf diesem ist die Biegung eines Flusses ins Bild gesetzt. Am Ufer stehen drei große Bäume. Über den ansteigenden Wänden des Flusstals im Hintergrund steigt der Mond auf. Nebel hat sich zwischen die Bäume gelegt, der Schein des Mondes spiegelt sich im Wasser. Mond und „Nebelglanz" sind mit weißer Kreide gezeichnet. Die Verwendung des Zeichenmittels entspricht hier also der inhaltlichen Zusammengehörigkeit beider Motive im Text.

In Goethes Zeichnungen ist oftmals nicht eindeutig zu bestimmen, ob es sich um Darstellungen tatsächlich existierender Orte handelt oder um imaginäre Landschaften. Das Motiv der Flusslandschaft erinnert an das Saaletal. Auf dem hohen Felsen links im Bild sind schemenhaft Gebäude angedeutet, die auf die dortigen Burgen anzuspielen scheinen, vielleicht sogar auf die Dornburger Schlösser.

Eine Zeichnung Goethes, die mit Sicherheit im Oktober 1776 an der Saale entstanden ist, zeigt die Dornburger Schlösser vom Tal aus gesehen. Auch sie war für Charlotte von Stein bestimmt. Die ihr gewidmeten eigenhändigen Zeilen Goethes auf der Rückseite des Blattes stellen die Zeichnung, die zunächst nur als topographisch genaue Aufnahme der Steilhänge und der Bauten erscheint, in den Kontext ihrer Beziehung:

Ich bin eben nirgend geborgen,
Fern an die holde Saale hier
Verfolgen mich manche Sorgen
Und meine Liebe zu dir.

Abb. 4 | Johann Wolfgang Goethe, Mondsichel über nachtdunklen Bäumen, 1776/78

Anders als bei der *Flusslandschaft* sind Goethes Mond-Zeichnungen mehrfach schon durch ihre Materialität als Nachtstücke angelegt. So auch die *Mondsichel über nachtdunklen Bäumen* (Abb. 4). Goethe verwendete dazu ein blaues Papier, dessen Ton bereits der darzustellenden Nacht entspricht. Mit der schwarzen Kreide arbeitete er dann gewissermaßen in die Dunkelheit hinein. Stärkerer Einsatz der Kreide lässt das mit ihr Gezeichnete im Schatten der Nacht versinken, bei sparsamem Einsatz scheint die Papierfarbigkeit durch. Mit dieser im Grunde relativ einfachen Technik gelingt es Goethe, atmosphärische Landschaften im Mondschein auf das Papier zu bringen. Die Mondsichel nimmt in diesem Fall nicht nur kompositorisch, sondern auch im Hinblick auf die Materialität eine besondere Stellung ein. Sie ist mit weißer Kreide auf die Mittelsenkrechte des Bildes platziert, der Schein des Mondlichtes ist ganz zart mit der hellen Kreide angedeutet. Dabei erscheint die schwarze Kreide an vielen Stellen leicht verwischt und gibt der Darstellung so einen atmosphärischen, beinahe unklaren Charakter. Die scharf mit der weißen Kreide gezogene Mondsichel steht dazu im Gegensatz. So klein sie auch erscheint, so deutlich tritt sie doch in der Zeichnung hervor. Goethe hat hier das helle Mondlicht gegen die trübe Nacht gesetzt.

Tatsächlich ist sein Interesse an Phänomenen der Nacht bisweilen auch ein wissenschaftliches. In der Zeichnung *Leuchtende*

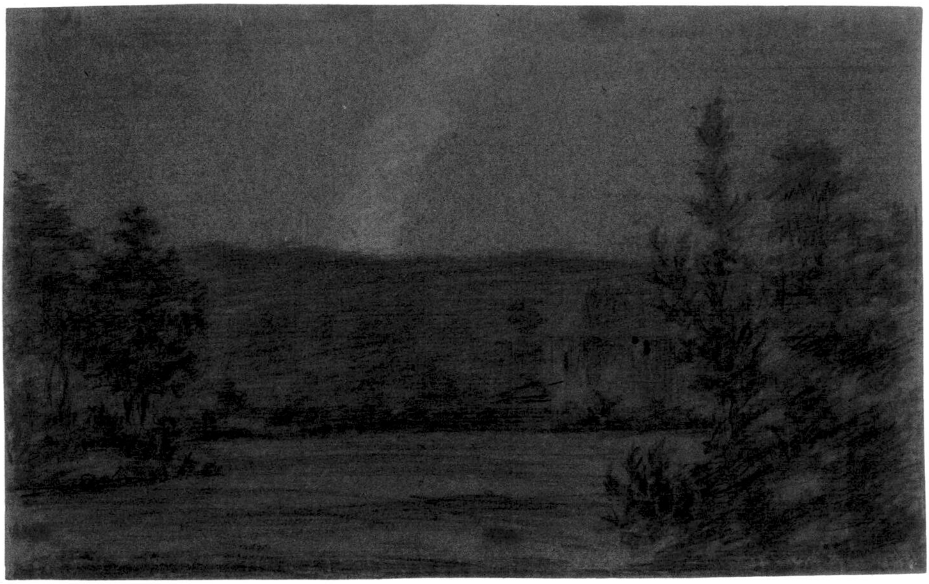

Abb. 5 | Johann Wolfgang Goethe, Leuchtende Nachtwolke, 1776/77

Nachtwolke über dem Gartenhaus wird der Park an der Ilm für Goethe zu einem Ort der Naturbeobachtung (Abb. 5). Dargestellt ist der Lauf des Flusses, im Mittelgrund rechts steht Goethes Gartenhaus. Über den aus dem Tal ansteigenden Hängen erscheint ein kegelförmiger Lichtstreifen. Es handelt sich dabei um ein Zodiakallicht, das durch die Reflexion von Sonnenlicht auf interplanetarem Staub entsteht. Auch wenn Goethe die Ursache dieses Phänomens wahrscheinlich nicht kannte, muss er sich der Besonderheit des Ereignisses bewusst gewesen sein. Sonst hätte er es wohl nicht in einer Zeichnung festgehalten.

Phänomene der Nacht haben Goethe fasziniert. Mehrmals eilte er zu Dorfbränden in der Umgebung von Weimar. Er zeichnete Lagerfeuer und ausgebrannte Ruinen im Mondschein. Tatsächlich scheint es das Licht in der Nacht zu sein, für das Goethe eine besondere Begeisterung entwickelte. So finden sich bei ihm mehrere Zeichnungen, in denen nicht der Mond selbst dargestellt ist, sondern das von ihm reflektierte Licht. Solch eine vom Mond beschienene Landschaft zeichnete Goethe beispielsweise Ende des Jahres 1777 auf seiner Reise in den Harz (vgl. S. 110, Abb. 2) Um das silbrige Licht des Mondes auf dem Brocken und der ihn umgebenden Landschaft einzufangen, verwendete er auf dem relativ hellen Papierbogen ausschließlich schwarze Kohle. Vor den dunklen Bäumen des Vordergrundes und dem leicht abgetönten

Himmel strahlt auf diese Weise der Berg hell hervor. Es ist wohl kein Zufall, dass viele seiner die Nacht darstellenden Zeichnungen im Winter entstanden sind. Das gilt nicht nur für den *Brocken im Mondlicht,* sondern etwa auch für die *Winterliche Mondnacht am Schwansee* bei Weimar. Offenbar gingen für Goethe die Darstellung der klirrenden Kälte des Winters mit dem fahlen Licht des Mondes eine besondere Beziehung ein. 1779 notierte er dazu in seinem Tagebuch: „Herrlicher Aufgang des Monds. Gezeichnet. Bis gegen Eilf spazieren. Erster Reiner Schnee und hoher Mond."

Bemerkenswert ist, dass Goethe in seinen in den 1770er Jahren entstandenen Zeichnungen häufig Motive ins Bild setzte, die heute vor allem mit der Kunst der Romantik in Verbindung gebracht werden, mit Künstlern wie Caspar David Friedrich oder Carl Gustav Carus. Dazu gehört der *Mond zwischen Bäumen* (vgl. S. 48, Abb. 7), in dem Goethe den Himmelskörper in vollem Rund zwischen Bäumen aufgehen lässt oder auch das *Segelboot auf dem Fluss* (Abb. 6). Die letztgenannte Zeichnung zeigt wiederum keinen real existierenden Ort, sondern ist in hohem Maße konstruiert. Der volle Mond bildet genau das Zentrum des Blattes, das Boot ist im linken Drittel platziert, die Bäume am Ufer auf der rechten Seite bilden das kompositorische Gegengewicht. Die

Abb. 6 | Johann Wolfgang Goethe, Segelboot auf dem Fluss, 1786

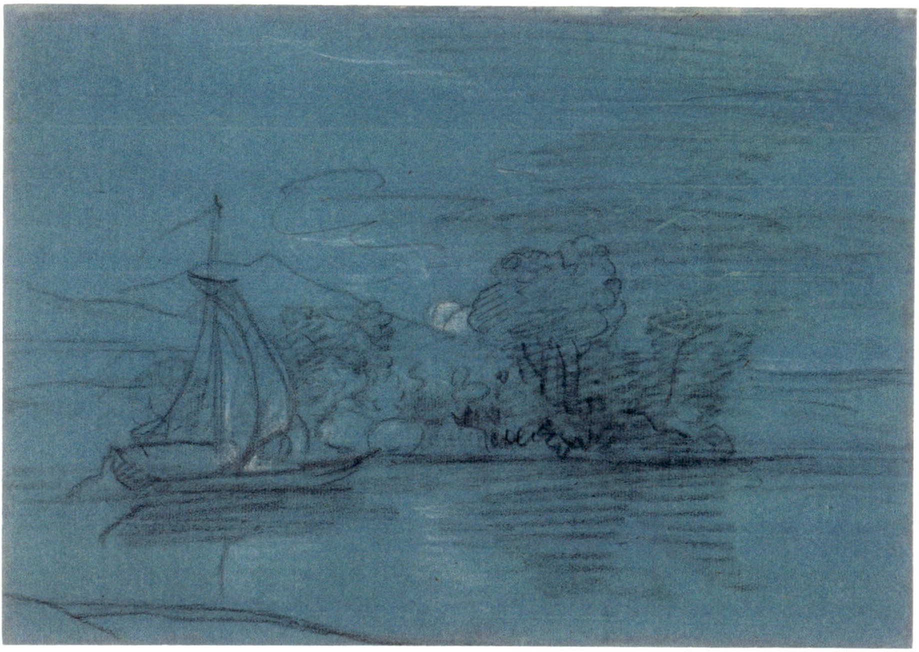

Zeichnung vereint mit dem Mond, dem Fluss und dem Boot gleich drei romantische Motive. Ist es denkbar, dass Goethe im Boot ein Sinnbild für den Menschen sah, der auf dem Fluss des Lebens treibt? Boot und Fluss werden vom Licht des Mondes beschienen. Sind Himmlisches und Irdisches auf diese Weise miteinander verbunden? Wie auch immer man diese Fragen beantworten und welche Bedeutung man der Verwendung dieser Motive durch Goethe beimessen möchte – der Mond ist seit den Jahren, die Goethe im Gartenhaus im Park an der Ilm verbrachte, eines der Leitmotive in seinen Landschaftszeichnungen.

Dies gilt ebenso für die Zeichnungen, die in Italien entstanden. Vor allem in seine Landschaften, aber durchaus auch in seine Stadtansichten integrierte Goethe das Motiv. Dabei ist es wiederum das Licht des Mondes, dem er besondere Beachtung schenkte. In seiner *Italienischen Reise* beschreibt er dieses Phänomen am 2. Februar 1787: „Von der Schönheit, im vollen Mondschein Rom zur durchgehen, hat man, ohne es gesehen zu haben, keinen Begriff. [...] Seit drei Tagen haben wir die hellsten und herrlichsten Nächte wohl und vollständig genossen." Tatsächlich zeichnete Goethe auch in Italien in der Nacht und bei Mondschein. Im September 1787 notierte er in Frascati nahe Rom: „Abends werden die Villen im Mondschein besucht, und sogar im Dunkeln die frappantesten Motive nachgezeichnet."

Abb. 7 | Johann Wolfgang Goethe, Bucht bei Mondschein, 1787

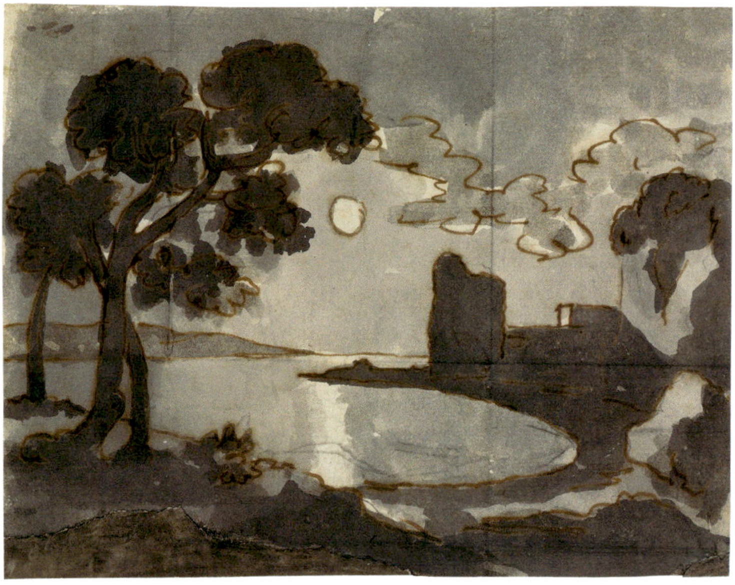

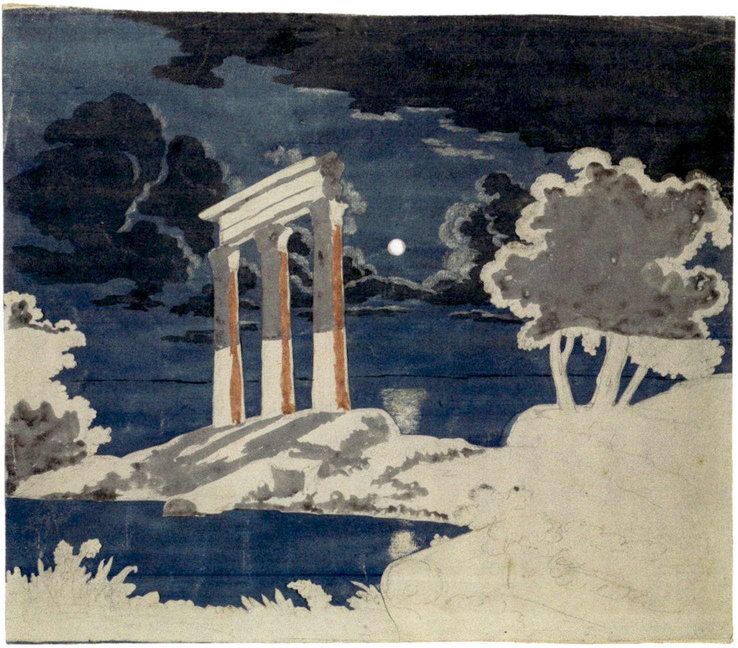

Abb. 8 | Johann Wolfgang Goethe, Tempelruine, um 1820

Neben diesen Zeichnungen, die einen tatsächlichen Ort oder ein Gebäude festhalten, sind für seine Reise vor allem idealisierende Landschaften kennzeichnend, die gewissermaßen zur Essenz seiner Italienerfahrung werden. Die Ansicht einer *Bucht bei Mondschein* gehört dabei sicher zu den ästhetisch eindrucksvollsten Schöpfungen des Zeichners Goethe (Abb. 7). Über einer Vorzeichnung setzte er das Nachtstück nur durch die Lavierung in unterschiedlichen Grautönen ins Bild. Das Leuchten des Mondes und seine Spiegelung auf dem Wasser werden durch den Papierton erzeugt. Ein besonderes Blatt, das motivisch mit seinem Italienaufenthalt in Verbindung steht, ist die *Tempelruine* (Abb. 8). In dieser um 1820 entstandenen, für Goethe außergewöhnlich großen Zeichnung, erscheint der Mond neben dem Landschaftspanorama und dem Tempel zunächst nur ein unbedeutendes Element zu sein. Tatsächlich aber spielt der Mond mit seinem Licht in diesem Werk die Hauptrolle. Das Rund des Mondes ist nicht etwa mit weißer Farbe aufgetragen, sondern aus dem Papier ausgeschnitten. Weiterhin sind große Teile der Landschaft nicht gezeichnet, sondern auf das Blatt geklebt. Es handelt sich um einen sogenannten künstlichen Mondschein, wie er in der Zeit um 1800 populär war. Hielt man nun eine (oder mehrere) Lichtquellen hinter die Zeichnung, strahlte der Mond hell auf, während das Licht diffus durch das blau grundierte Papier leuchtete und so den Himmel und die Oberfläche des Wassers erhellte. Dunkler blieben hingegen die Bereiche der Zeichnung, auf die eine weitere Schicht Papier geklebt worden war. Dabei konnte mit der Wirkung unterschiedlichen Lichts auf die Farbigkeit der Zeichnung und ihre Wahrnehmung experimentiert werden. Auf diese Weise war das Betrachten der Zeichnung im Zusammenspiel eine besondere ästhetische Erfahrung.

1827 bekam Goethe die Kopie des heute verschollenen Gemäldes *Phantasie über die Musik* des bekannten Dresdner Malers Carl Gustav Carus, mit dem er regelmäßig im Kontakt stand, geschenkt. Dargestellt ist eine Harfe, als Sinnbild für die Musik, in einer überwölbten Laube. Der Blick geht hinaus auf die gotischen Türme zweier Kirchen. In der Mitte dieser Szene schwebt der Mond, durchbrochen von den Saiten des Instruments „[E]in merkwürdiges Bild von Carus drückt die ganze *Romantik* dem bewundernden Blick aus", schrieb Goethe nach Erhalt der Zeichnung sogleich an Johann Heinrich Meier. Carus ist es auch, der Goethe nach dessen Tod 1832 umgehend malerisch ein Denkmal setzte (Abb. 9): Goethes Sarg steht in einem nebeldurchwirkten Gebirge. Der Mond tritt darüber aus den Wolken hervor, wobei er Landschaft und Grab mit seinem Glanz bestrahlt. Carus, der zugleich Arzt war, verehrte Goethe vor allem wegen seines ganzheitlichen Verständnisses der Welt, das Kunst und Naturwissenschaften gleichermaßen einschloss. Dabei trägt Goethes ebenso rationaler wie gefühlsgeprägter Zugang zur Natur, wie ihn Carus in *Goethes Verhältnis zur Natur und Naturwissenschaft* beschreibt, romantische Züge: „Wenn man liest, wie er im Winter allein das Harzgebirge durchstrich; wie eigentümlich ihn diese große Natur in ihrem herben Gewande aufregte, und welch schönes poetisches Resultat sein Geist aus diesen Eindrücken zu ziehen vermochte, so mag man erkennen, daß nicht bloß das Anmutige und Weichgefällige, sondern auch das Gewaltige, Finstere und Rauhe im freien Naturleben ihn mit Macht an sich zog. […] Seine Liebe zur Natur […] strebte, mit einem Worte es zu sagen, nach der Erfassung der Idee ihres Daseins!"

BRG | CO

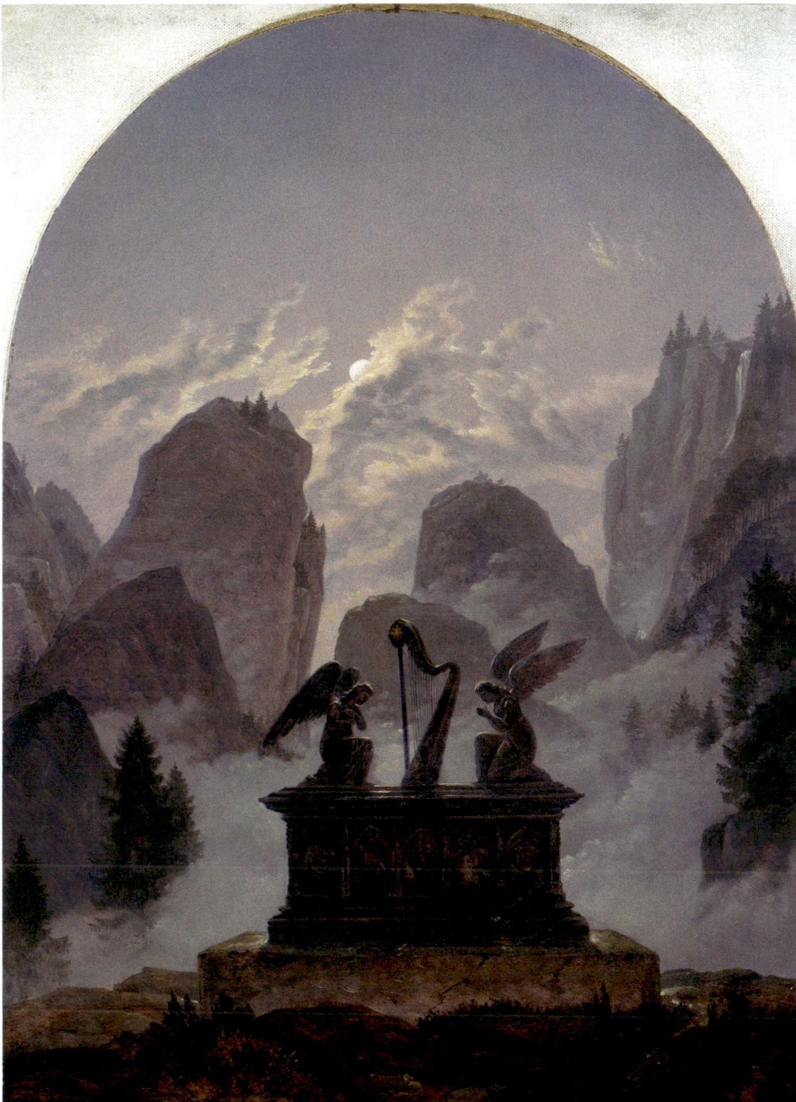

Abb. 9 | Carl Gustav Carus,
Goethe-Denkmal, 1832

Doch Glück auf! Wir eilen einem Platze zu, den unsere Vorfahren sich schon ausersehen hatten, um daselbst einen Schacht niederzubringen. Nicht weit von dem Orte, den sie erwählten, an einem Puncte, der durch die Sorgfalt unsers Herrn Geschwornen bestimmt ist, denken wir heute einzuschlagen und unsern neuen Johannisschacht zu eröffnen. […]

Dieser Schacht, den wir heute eröffnen, soll die Thüre werden, durch die man zu den verborgenen Schätzen der Erde hinabsteigt, durch die jene tiefliegende Gaben der Natur an das Tageslicht gefördert werden sollen. Wir selbst können noch, wenn es uns Gott bestimmt hat, da auf- und niederfahren und das, was wir uns jetzt nur im Geiste vorstellen, mit der größten Freude vor uns sehen und betrachten. Glück auf also, daß wir so weit gekommen sind!

Aus: Johann Wolfgang Goethe, Rede bey Eröffnung des neuen Bergbaues zu Ilmenau, 24. Februar 1784

Intensive Bemühungen um den Ilmenauer Bergbau prägten Goethes Amtstätigkeit in den ersten Jahren in Weimar. Am 14. November 1777 wurde er in die neu gegründete herzogliche Bergwerkskommission berufen, ab 1780 leitete er sie. Ziel war es, den Kupfer- und Silberbergbau wiederzubeleben, um die Finanzen des Herzogtums aufzubessern. Erfolgreich war das Unternehmen leider nicht. Zwölf Jahre, nachdem Goethe seine Eröffnungsrede hielt, wurde der Bergbau nach dem Bruch des Martinrodaer Stollens eingestellt.

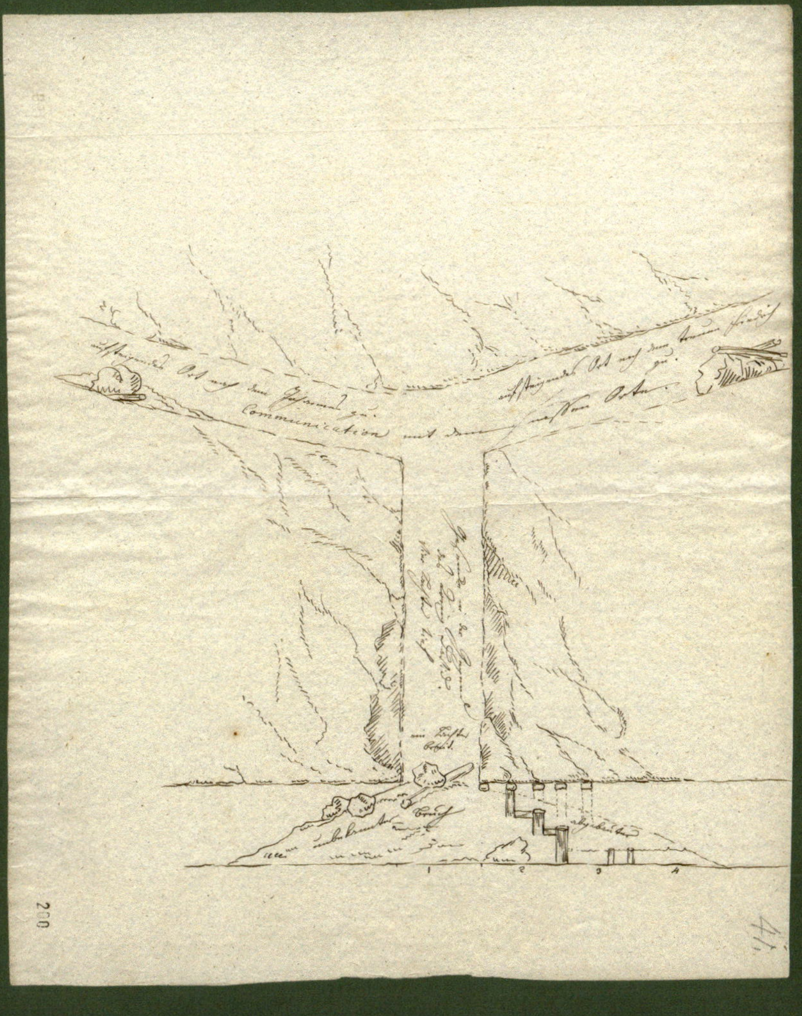

Johann Wolfgang Goethe, Bruch
des Martinrodaer Stollens, 1796

„DIE NATUR MIT GANZ ANDREN AUGEN ANGESCHAUT“ – GOETHES GARTEN ALS ORT DER WISSENSCHAFT

Für seine schöpferische Arbeit suchte Goethe häufig die Einsamkeit. Dafür entzog er sich mit einer gewissen Regelmäßigkeit der Betriebsamkeit im Haus, entfernte sich vom rigiden Zeremoniell des Hofes und der Geschäftigkeit des Alltags und reiste nach Jena oder in die böhmischen Kurbäder. Einsame Orte des Forschens und künstlerischen Arbeitens waren auch seine Gärten. Der Garten am Stern mit dem Gartenhaus war zu Beginn der Weimarer Jahre zugleich Lebensraum, Rückzugs- und Produktionsort. Im Laufe der Zeit kamen weitere Gärten und wirtschaftlich genutzte Flächen hinzu: die Parkanlagen, Gewächshäuser und Wirtschaftsgebäude in Belvedere vor der Stadt, seit 1782 der Hausgarten am Frauenplan, außerdem der Botanische Garten in Jena, über den Goethe seit seiner Gründung 1794 die amtliche Aufsicht innehatte, oder die landwirtschaftlich genutzten Flächen des Gutes in Oberroßla. Nicht immer ist es heute möglich, die in den Quellen erwähnten Ereignisse einem bestimmten Garten eindeutig zuzuordnen.

Abb. 1 | Johann Wolfgang Goethe, Zeichnung zur Weinrebe, 1828

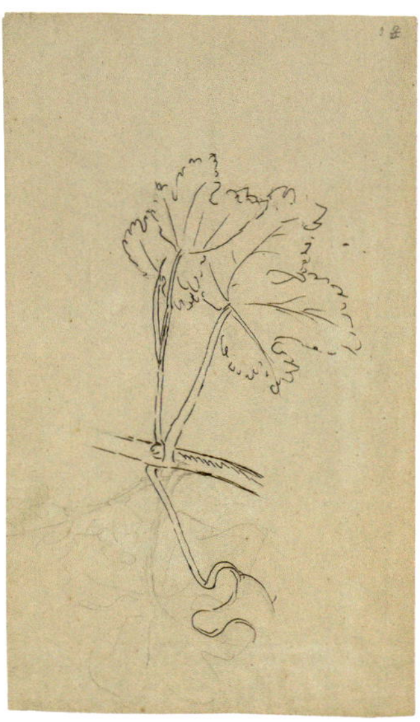

Goethes Garten am Stern war nicht nur ein Ort zum Leben und Schreiben, sondern ebenso ein Wirtschafts- und Wissenschaftsgarten: Hier wurden Bäume und Weinstöcke gepflanzt, Singvögel gehalten oder zur Bereicherung des Speiseplans gejagt, Erdbeeren und Spargel angebaut, Obst und Honig geerntet. Für die Bienen pflanzte man 1776 als Nahrungsgrundlage sechs Linden – wichtige Wirtschaftsbäume vor der Gewinnung von Zucker aus Rüben im 19. Jahrhundert –, im März 1780 wurden Apfelkerne ausgesät. Goethe gestaltete seinen Garten in einer Zeit sich entwickelnder Forstwirtschaft, Obst- und Weinbaukunde, an deren wissenschaftlichen Fortschritten er aktiv Interesse zeigte. Die enge Verbindung von Wirtschaften und Erforschen ist mitzudenken, wenn man über den Naturforscher Goethe spricht. So wurden – um nur ein Beispiel zu nennen – an der Vorderseite des Gartenhauses 1778 Rebenfechser (Ableger) aus Frankfurt gesetzt. Zugleich interessierte sich Goethe für die Kultivierung von Weinstöcken und schrieb noch 1828 in Dornburg über neue Methoden im Weinbau (Abb. 1).

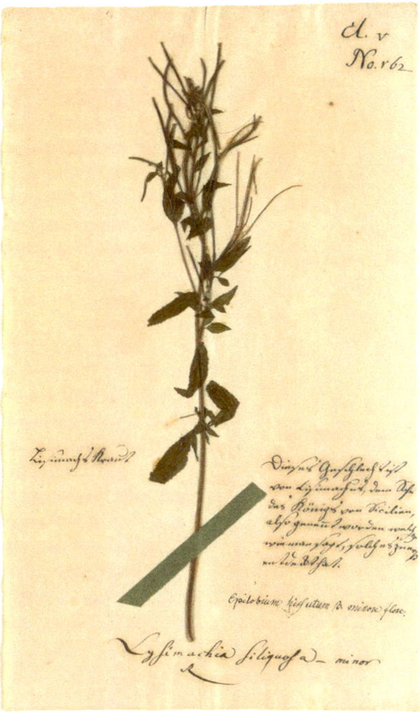

Abb. 2 | „Lisimachs Kraut" (Zottiges Weidenröschen), aus Johann Wolfgang Goethes Herbarium, nach 1780

An kaum einem anderen Ort betrieb Goethe seine Naturstudien „so innig" wie im „Parkgarten". Dort, so erinnerte sich Kanzler Friedrich von Müller am 16. März 1824, habe er „die Natur mit ganz andren Augen angeschaut, sie in jeder Stunde des Tags und der Nacht beobachtet." Hier arbeitete Goethe astronomisch und botanisch: Im Garten am Stern ging der Blick zum Himmel „um einen ganzen Mondwechsel durch ein gutes Spiegel-Teleskop" zu sehen. Auf der Erde wurden Veilchen, Schneeglöckchen und Rosen kultiviert, Pflanzen als Studienobjekte gepresst und ein Herbarium angelegt (Abb. 2 und 3). Blumen waren für den Forscher Goethe „Hieroglyphen der Natur", die er, eng vertraut mit der Botanik des 18. Jahrhunderts, zu erkennen und zu benennen, zu beschreiben, zu vergleichen und in der Nomenklatur der Zeit zu systematisieren versuchte, und das nicht nur im metaphorischen Sinne. Am 1. April 1785 beispielsweise bat Goethe, nachdem er wenige Wochen zuvor Kokosnüsse „seziert" hatte, Charlotte von Stein in einem Brief: „Schicke mir doch das Mikroskop, ich muß verschiedenes ansehn. Ich bin fleißig und habe nun ein Tischchen mit Erde worin allerlei Samen liegen. Ich habe recht schöne Offenbarungen über dies Geschlecht." Die Ergebnisse dieser Beobachtungen an keimenden Maiskörnern, Bohnen- und Dattelkernen flossen unmittelbar in die erste seiner Studien zur Morphologie ein. Den

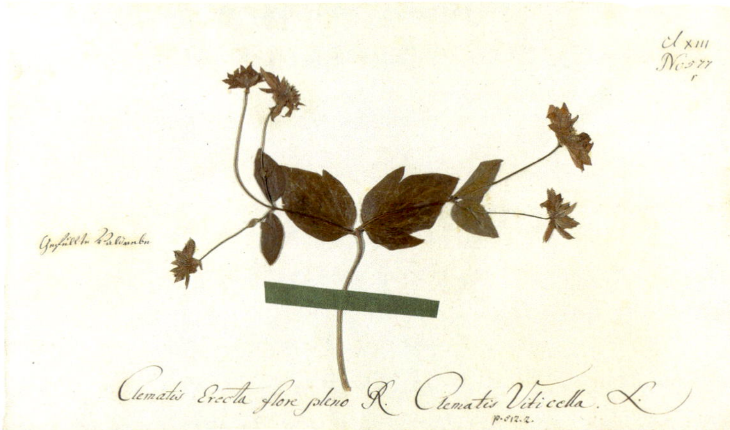

Abb. 3 | Italienische Waldrebe, aus Johann Wolfgang Goethes Herbarium, nach 1780

durch Notizen, Schematisierungen und Zeichnungen (Abb. 4) vorbereiteten Aufsatz *Von den Kotyledonen* über die ersten unter- wie oberirdischen Blätter eines Keimlings – Kotyledon bedeutet Keimblatt – brachte Charlotte von Steins Sohn Fritz, der eine Stube im Gartenhaus bewohnte, nach Diktat zu Papier. Der Text steht am Anfang einer von Goethe lebenslang weiterentwickelten Gestalt- und Verwandlungslehre. In dieser Lehre versuchte er, die Veränderlichkeit der Organe und die Übergänge der Pflanzenteile vom Allgemeinen, von einer ‚Hauptform' her zu beurteilen, eine Idee, die er in einem Brief an Charlotte von Stein vom 9. Juni 1787 erstmals als „Urpflanze" bezeichnete. Auch diese „Urpflanze", die keinen urzeitlichen Vorfahren, sondern den Idealtypus einer Blütenpflanze bezeichnete, suchte er in einem botanischen Garten: in jenem von Palermo am 17. April 1787. Im Hausgarten am Frauenplan versuchte Goethe, – wie im Botanischen Garten in Jena – die Beete nach einem „natürlichen System" in der Nachfolge des französischen Botanikers Antoine Laurent de Jussieu anzulegen. Er wollte damit die „künstliche" Einteilung der Pflanzen durch den Schweden Carl von Linné, der ein einfach zu benutzendes Klassifizierungssystem vorgeschlagen hatte, weiterentwickeln. Dieses Linné'sche System fand zwar Goethes Billigung, zugleich sah er aber, ebenso wie andere Zeitgenossen, auch dessen Schwächen. Das künstliche System teilte nahe verwandte Arten, wenn sie in einem

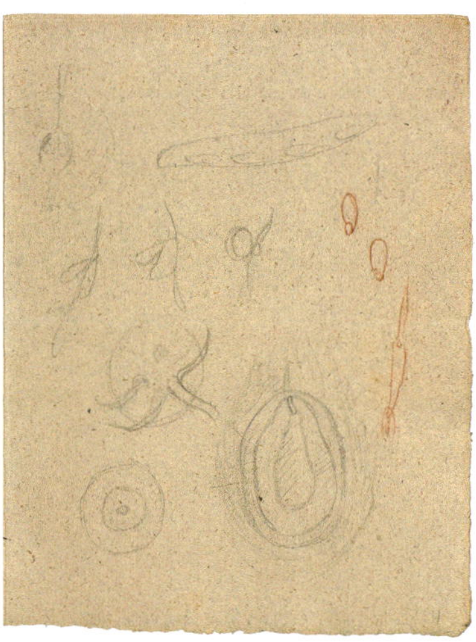

Abb. 4 | Johann Wolfgang Goethe, Skizzen zur Keimung der Bohne, um 1785

wesentlichen Merkmal voneinander abwichen, häufig in weit entfernte Gruppen ein und verhinderte so ein vertieftes Verständnis der verwandtschaftlichen Beziehungen der Arten. Deshalb ließ Goethe 1794 Pflanzenbeete in natürlicher Anordnung mit einheimischen wie fremden Gewächsen, die unter den hiesigen klimatischen Verhältnissen im Freien gedeihen konnten, anlegen.

Das Gartenhaus war auch ein Sammlungsort und ein Ort wissenschaftlicher Diskussionen. Es beherbergte zwei Mineralienschränke, die einen kleinen Teil der Goethe'schen Gesteins- und Mineraliensammlung enthielten, die bei seinem Tod über 18.000 Stücke umfasste. Als im August 1780 der Schriftsteller Johann Anton Leisewitz Weimar besuchte, hielt er im Tagebuch fest: „Zu Göthen, der auf einen sehr simpeln Gartenhause in der Gegend des Sternes wohnt. Er gefiel mir doch sehr, [...].“ Die angeregte „Conversation“ war vielfältig, man sprach „von einer Untersuchung der Mineralien im Lande [...], von Herder, von dem Alter der Welt und der Narrheit dieses Alter auf 6000 Jahr zu schätzen, von einigen SteinArten im Weimarischen. Von Garten und von Landleben; Göthe schätzte sich sehr glücklich, daß er außer der Stadt lebe. [...] Von den immer Neuen in der Natur“. Hier wurden viele und sehr verschiedene Themen angeschlagen: das horazisch anmutende Lob des Landlebens, die Beschäftigung Herders mit der Erd- und Menschheitsgeschichte, die zu seinen *Ideen zur Philosophie der Geschichte der Menschheit* führten, sowie die von Goethe geförderte Untersuchung des geologischen Baus des Herzogtums Sachsen-Weimar durch Johann Karl Wilhelm Voigt. Leisewitz' Aufzeichnungen gehören zu den frühesten Belegen für die sich schnell erweiternden wissenschaftlichen Perspektiven Goethes, von einer anfänglich pragmatischen Beschäftigung mit dem brachliegenden Bergbau, für den er zuständig war, hin zu einem systematischen Interesse an erdgeschichtlichen Fragen. Zwar lehnte es Goethe ab, aus dem Alten Testament auf ein kurzes Alter der Erde zu schließen; zugleich waren ihm aber die „unendlich langen Zeiträume“, wie sie viele Geologen propagierten, nicht geheuer. Auch für solche sehr strittigen, globalen Fragen wie Entstehung, Alter und Geschichte der Erde bot das kleine Gartenhaus mithin einen idealen Rahmen.

JE | TS

Man tastet an der Natur, man hat Vorliebe für dieses oder jenes Plätzchen; man wagt nicht dieses oder jenes Hinderniß wegzuräumen, man ist nicht kühn genug etwas aufzuopfern; man kann sich voraus nicht vorstellen, was entstehen soll, man probirt, es geräth, es mißräth, man verändert, verändert vielleicht, was man lassen sollte, läßt was man verändern sollte, und so bleibt es zuletzt immer ein Stückwerk, das gefällt und anregt, aber nicht befriedigt.

Aus: Johann Wolfgang Goethe,
Die Wahlverwandtschaften, 1809

Die Gestaltung einer Parkanlage steht am Beginn von Goethes Roman *Die Wahlverwandtschaften.* Die nur vermeintlich geordnete Natur beeinflusst im Weiteren die Schicksale der vier Hauptfiguren und deren Beziehungen zueinander. Mehr als 30 Jahre zuvor hatte Goethe mit der Felsentreppe die erste Gartenarchitektur im Park an der Ilm errichten lassen.

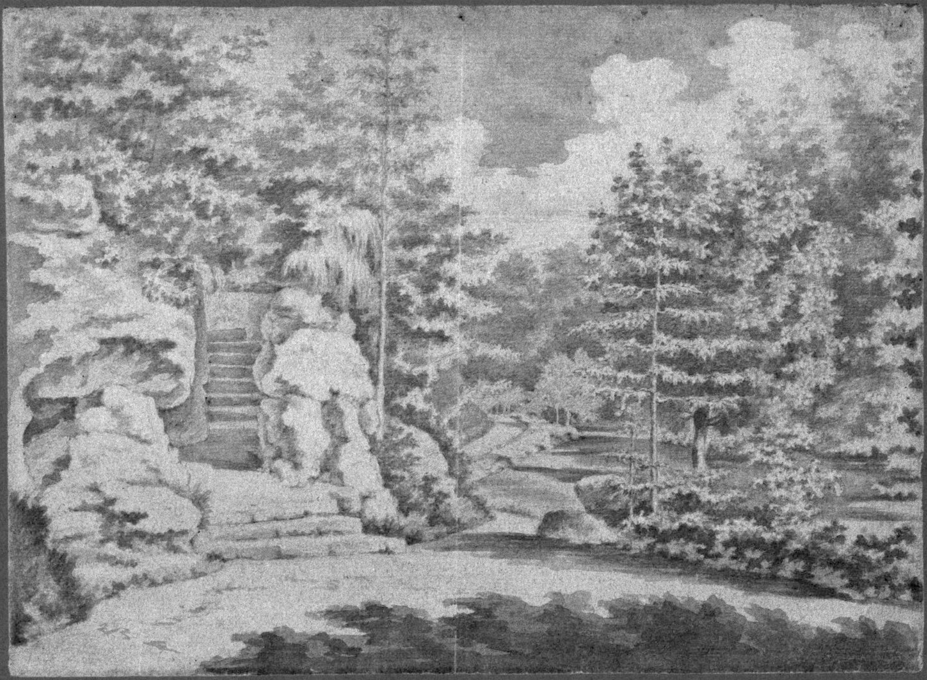

Johann Wolfgang Goethe, Felsentreppe im Weimarer Park, 1777

STEINERNE BOTSCHAFTEN – DENKMALE IM GARTEN

Im Jahr 1777 ließ Goethe im Garten des Gartenhauses ein steinernes Denkmal errichten, das heute zu den bekanntesten Plastiken in Weimar gehört (Abb. 1). Die Idee dazu beschäftigte ihn schon länger, wie ein Tagebucheintrag vom 25. Dezember 1776 belegt: „Zu Oesern. αγαϑη τυχη. Zu ⊙." Das Sonnensymbol steht im Tagebuch für Charlotte von Stein, die Goethe am ersten Weihnachtstag 1776, ihrem 34. Geburtstag, besuchte. Mit Adam Friedrich Oeser, seinem ehemaligen Zeichenlehrer und Direktor der Leipziger Zeichenakademie, der über den Jahreswechsel 1776/77 in Weimar zu Gast war, besprach Goethe den Entwurf zu einer Skulptur, die „αγαϑη τυχη", Agathe Tyche, dem guten Glück, gewidmet werden sollte. ‚Tyche' ist der Name der griechischen Schicksals- oder Glücksgöttin, der römischen Fortuna, auf die Goethe auch in Briefen und Gedichten dieser Zeit anspielt. So heißt es etwa zu Beginn der dritten Strophe in der 1777 entstandenen *Harzreise im Winter:* „Leicht ists, folgen dem Wagen / Den Fortuna führt".

Am 7. Januar 1777 fragte Goethe brieflich bei Oeser in Leipzig an: „ist Ihnen nichts weiter von meiner Gottheit offenbaart worden?" Oeser antwortete am 10. Januar: „Ich habe auf Sie nicht vergeßen, und lege die weitere uber Denckung Ihrer Idee mit bey, der kleinste Cubus No 2. gefällt mir am besten den Pappillion würde ich machen wie er sich aus seiner Hülße entwickelt [...]." Entwürfe Oesers sind nicht erhalten. Doch am 16. Januar 1777 ging er in einem Brief noch einmal auf das Denkmal ein: „Sie wollen ein sinnliches Bild des immerwehrenden Glücks mit Geschmack ausgedrückt haben, da helfen die strengen mathematischen Wahrheiten nichts, erdenken Sie lieber etwas mit Ihrer

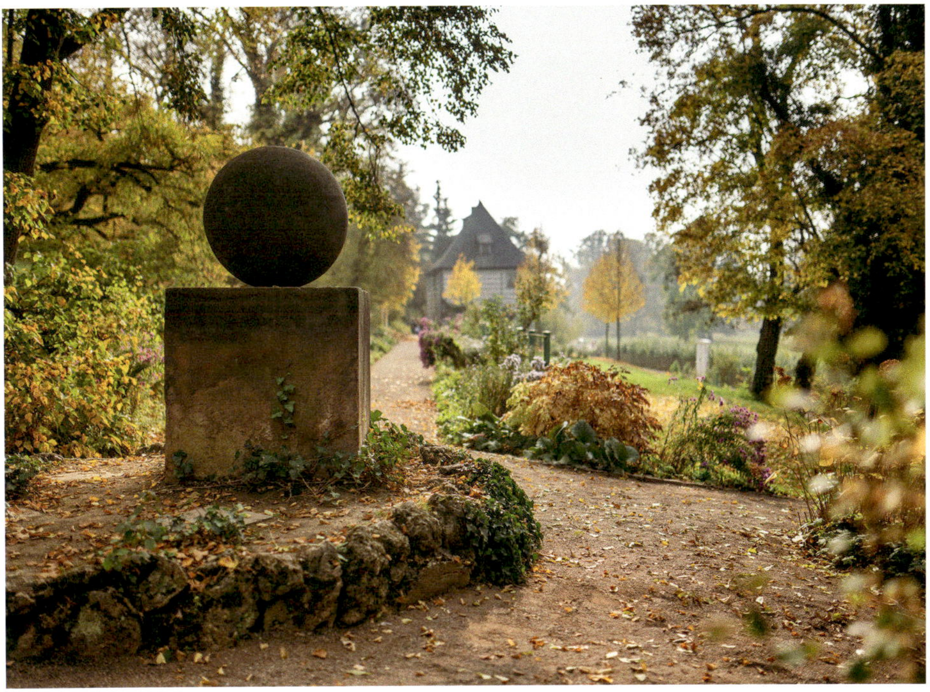

Abb. 1 | *Stein des guten Glücks* am Ende der Malvenallee

strengen Mathematic daß die Kugel gantz frey in der Luft schwebet [...]. Suchen Sie ums Himmelswillen keine Schulfüchsereyen im Werden des Geschmacks, was dem Auge plump und schwerfällig erscheint, weg damit das ist dasjenige welches wie das Magere alles verderbet, bleiben Sie bey der kleinen Idee so ich entworfen, so wird Ihr Bild gut ausfallen, und die Kugel ist nach ihrem Platz wo sie aufgestellet wird, groß genug, wenn sie 16. bis 18. Zoll im Durchschnitt ist, die Flügel bereichern das Bild genug, und vermuthlich sehen Sie warum ich die Wolke gemacht habe."

Die Skulptur, die Goethe schließlich am 5. April 1777 in seinem Garten am Endpunkt des gerade vom Haus am Hang entlanglaufenden Weges aufstellen ließ, hat mit Oesers Entwürfen nichts gemein. Dem „guten Glück", das Goethe in seinem Haus und Garten, dem Geschenk des Herzogs, und mehr noch in der Liebe zu Charlotte von Stein gefunden hatte, huldigt eine Kugel aus rötlichem Sandstein, die auf einem schlichten steinernen Kubus befestigt ist. Auf „Flügel" oder „Wolken" sowie auf Füllhorn und Steuerruder oder Wagendeichsel, mit dem Tyche-Fortuna in der bildenden Kunst dargestellt wurde, verzichtete Goethe ebenso wie auf Reliefs oder Inschriften am Sockel.

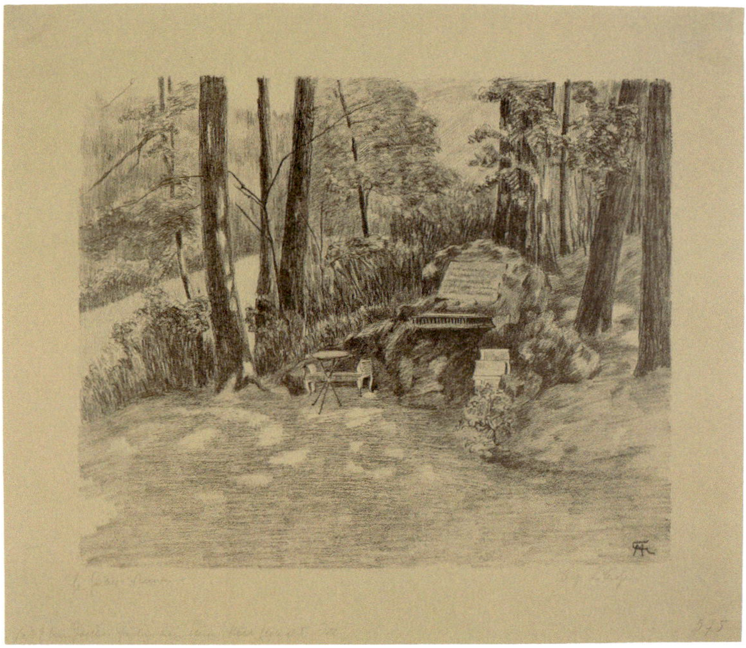

Abb. 2 | Margarete Geibel, Illustration des ‚Lieblingsplatzes', undatiert

Dennoch ist das Denkmal, das an abstrakte Plastiken späterer Epochen erinnert, nicht ohne Kenntnis der emblematischen Traditionen entworfen worden. Auch die Kugel ist ein Attribut der Fortuna. Sie verkörpert die Wandelbarkeit des Schicksals, die Unstetigkeit des Glücks. In Goethes Garten aber steht sie auf dem festen Grund des unbeweglichen Kubus, einem Symbol der Liebe.

Am 5. April 1777 notierte Goethe im Tagebuch: „αγαϑη τυχη gegründet! – /= Da Μυθος erfunden wird, werden die Bilder durch die Sachen gros, wenns Mythologie wird werden die Bilder gros."

Ein zweites Denkmal im Garten befindet sich am oberen Wiesenhang hinter dem Gartenhaus. Die Stelle wird auch als Goethes ‚Lieblingsplatz' bezeichnet. Möglicherweise bezog er sich schon auf diesen Platz, als er am 7. Juni 1776 Charlotte von Stein schrieb: „Die Banck steht prächtig in dem ihr geweihten Heiligthum." Später ließ er dort ein Halbrund von Laub- und Nadelbäumen anpflanzen und im August 1782 eine steinerne Tafel mit einem Charlotte von Stein gewidmeten Epigramm anbringen (Abb. 2 und 3):

Hier gedachte still ein liebender seiner Geliebten
Heiter sprach er zu mir: werde mir Zeuge du Stein
Doch erhebe dich nicht du hast noch viele Gesellen.
Jedem Felsen der Flur die mich den Glyklichen naehrt
Jedem Baume des Walds um den ich wandernd mich schlinge
Ruf ich weihend und froh werde mir Denkmal des Glyks.
Dir allein verleih ich die Stimme wie unter der Menge
Einen die Muse sich waehlt freundlich die Lippen ihm kyss' /

Das Epigramm stammt aus der Anfangszeit von Goethes Beschäftigung mit antiken Metren. Die Inschrift ist nach griechischen Vorbildern gestaltet. Wie andere Gedichte für Charlotte erschien es später unter dem den persönlichen Bezug verbergenden Titel *Erwählter Fels,* zuerst 1789 in *Goethe's Schriften.*

ER

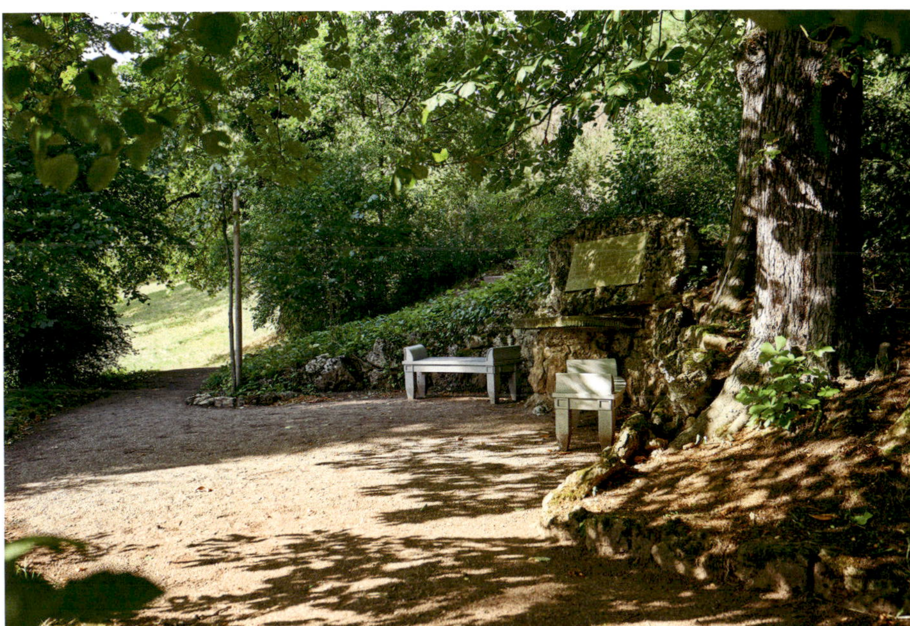

Abb. 3 | Platz mit Inschrifttafel hinter dem Gartenhaus

Ich. Die Natur, will ich einmal zugeben, lasse sich unabhängig von dem Menschen denken, die Kunst bezieht sich nothwendig auf denselben: denn die Kunst ist nur durch den Menschen und für ihn.

Gast. Wozu soll das führen?

Ich. Sie selbst, indem Sie der Kunst das Charakteristische zum Ziel setzen, bestellen den Verstand, der das Charakteristische erkennt, zum Richter.

Gast. Allerdings thue ich das. Was ich mit dem Verstand nicht begreife existirt mir nicht.

Ich. Aber der Mensch ist nicht bloß ein denkendes, er ist zugleich ein empfindendes Wesen. Er ist ein Ganzes, eine Einheit vielfacher, innig verbundner Kräfte und zu diesem Ganzen des Menschen muß das Kunstwerk reden, es muß dieser reichen Einheit, dieser einigen Mannichfaltigkeit in ihm entsprechen.

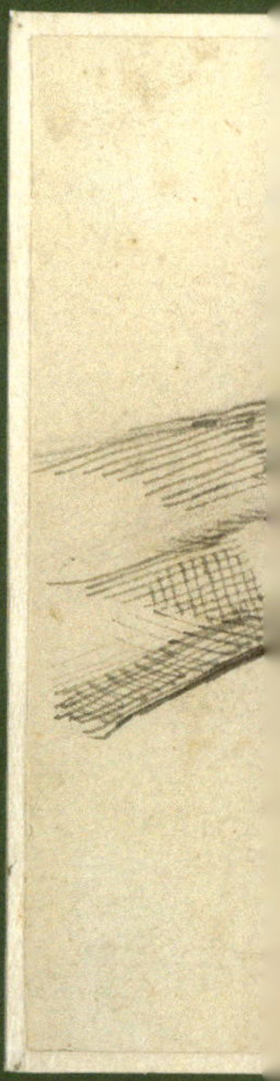

Aus: Johann Wolfgang Goethe, Der Sammler und die Seinigen, 1798/99

Goethes kunsttheoretischer Aufsatz *Der Sammler und die Seinigen* erschien 1799 in der von ihm herausgegebenen Zeitschrift *Propyläen* und beruht auf Gesprächen Goethes mit Friedrich Schiller. In dem Text tauscht sich gleich eine ganze Familie im Briefwechsel über verschiedene Arten, Kunst zu rezipieren, aus.

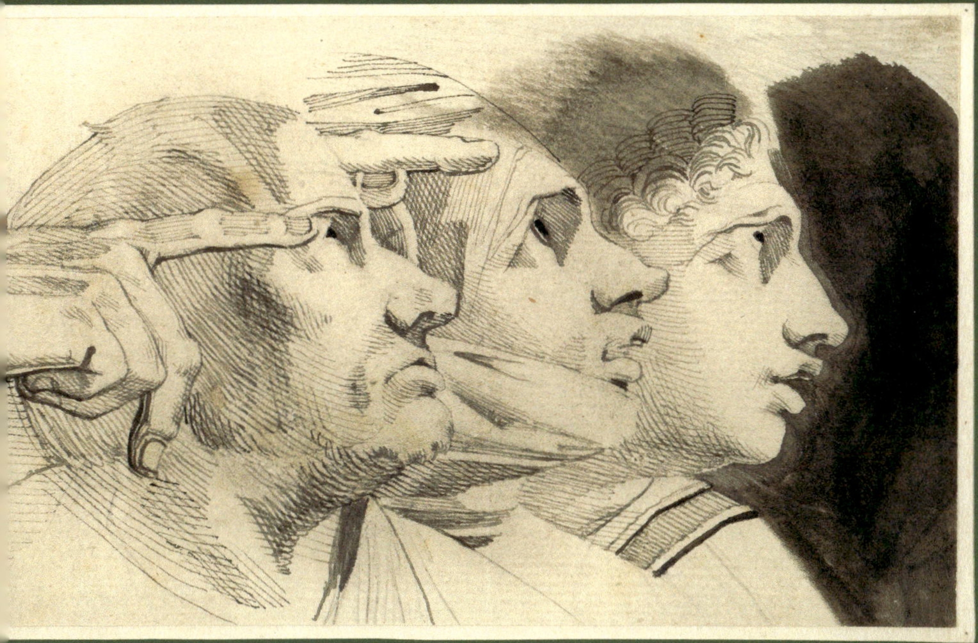

Johann Heinrich Füssli, Drei Kopfstudien im Profil, 1770/80, aus Goethes Sammlung

KUNSTBETRACHTUNGEN – GOETHES ANFÄNGE ALS GRAPHIKSAMMLER

Mit dem ländlichen Domizil am Stern konnte Goethe, der zuvor nur in – häufig wechselnden – Mietverhältnissen gelebt hatte, erstmals ein Haus mit zugehörigem Gartengrundstück sein Eigen nennen, das er ab dem Frühjahr 1776 nach seinen Vorstellungen und Bedürfnissen umgestaltete.

Neben der sorgfältigen Gestaltung der Außenanlagen legte Goethe auch bei der Inneneinrichtung des Gebäudes Wert auf eine repräsentative Ausstattung. Zu dieser gehörten plastische Kunstwerke wie eine Bildnisbüste des befreundeten Theologen Johann Caspar Lavater sowie ein Abguss der Büste des berühmten antiken *Apoll von Belvedere,* den Goethe im Januar 1782 durch Herzog Ernst II. von Sachsen-Gotha und Altenburg als Geschenk erhielt. Ausgewählte Druckgraphiken, Schattenrisse und Handzeichnungen ließ Goethe rahmen und als dekorativen Wandschmuck anbringen. Zweifellos motivierte ihn die sukzessive Einrichtung des Gartenhauses dazu, weitere Graphiken zu erwerben, wobei er seine beständig anwachsende Kollektion bald als eine Sammlung im eigentlichen Sinne verstand.

Abb. 1 | Mappenschrank in der Bibliothek von Goethes Gartenhaus

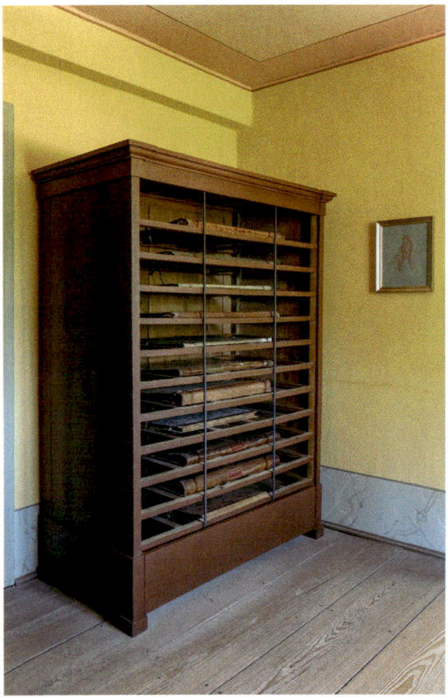

Ob der heute in der Bibliothek im Obergeschoss aufgestellte Mappenschrank zur Ersteinrichtung des Gartenhauses gehörte, ist nicht belegt und aufgrund seiner Größe auch zweifelhaft (Abb. 1). Naheliegend wäre ein solches Sammlungsmöbel aber insofern, als es dem angehenden Graphiksammler die

Möglichkeit bot, die lichtempfindlichen druckgraphischen Blätter und Handzeichnungen angemessen aufzubewahren. In den offenen Fächern dieses Repositoriums wurden die in Portefeuilles oder Klebealben versammelten Werke platzsparend gelagert. Zur vergleichenden Kunstbetrachtung konnten die Mappen dann hervorgeholt, neu geordnet oder um weitere Blätter ergänzt werden. Für diese Studien war die Bibliothek, für die Goethe 1780 nachweislich ein Lesepult und ein großes Bücher-Repositorium anfertigen ließ, der geeignete Ort.

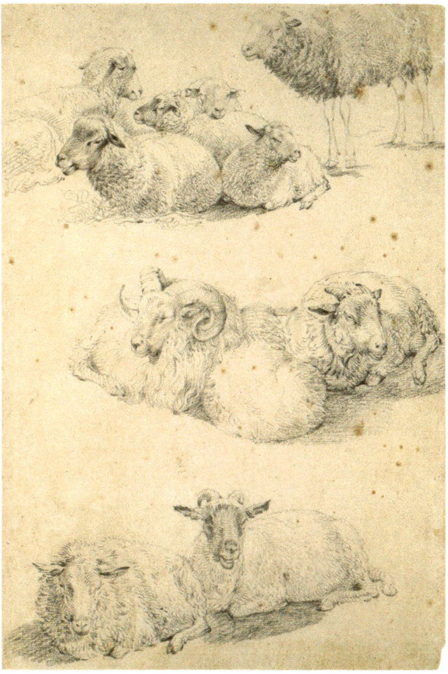

Abb. 2 | Johann Heinrich Roos, Tierstudien, undatiert

Über die Anfänge von Goethes sammlerischer Tätigkeit und die Zusammensetzung seiner frühen graphischen Sammlung ist nur wenig bekannt. Eigenhändige Verzeichnisse der wohl recht überschaubaren Kollektion sind nicht überliefert. Hinweise finden sich jedoch in Goethes Briefen und Tagebuchnotizen. Vereinzelt sind die Blätter noch heute in Goethes Kunstsammlung zu finden, wobei eine zweifelsfreie Zuordnung aber nur selten möglich ist. Ein solcher Fall ist eine 1780 erworbene Kreidezeichnung von Johann Heinrich Roos (Abb. 2), den Goethes Jugendfreund Heinrich Sebastian Hüsgen als „Rafael aller Viehmahler" feierte. Das Studienblatt zeigt drei Gruppen lagernder Schafe, über die Goethe in einem Brief an Johann Heinrich Merck vom 11. Oktober 1780 schrieb: „Es sind keine natürliche Schaafe, sondern es ist als wenn ein Gott, nachdem er sie gemacht hat, zu ihnen sagte: sie sind gut, und an der Ruhe, an der tierischen Zufriedenheit, die er in sie gelegt, sich selbst ergözte." Auf seiner Italienreise erinnerte Goethe sich 1786 lebhaft dieser Zeichnung, und noch 1824 zeigte er sich gegenüber Johann Peter Eckermann fasziniert von Roos' Figuren, die in ihrer bukolischen Natürlichkeit im Ilmpark situiert werden könnten.

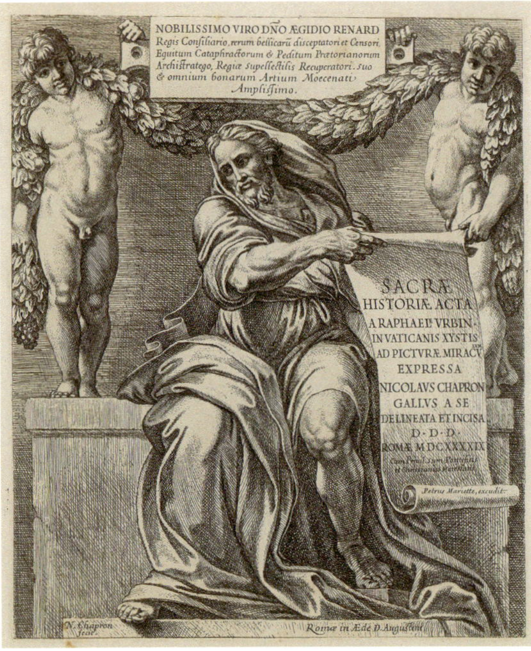

Abb. 3 | Nicolas Chapron nach Raffael, Prophet Jesaja, 1649

Von Kindheit an war Goethe mit dem Sammeln von Graphiken vertraut. In seiner Lebensbeschreibung *Dichtung und Wahrheit* berichtet er über die frühen Erfahrungen im Elternhaus am Großen Hirschgraben in Frankfurt: Hier waren es die im Vorsaal aufgehängten römischen Veduten, die ihn frühzeitig auf Italien einstimmten. Vor allem die Kunst Raffaels begeisterte ihn, und wenn mit den Jahren und Gelegenheiten die persönlichen geschmacklichen Vorlieben auch wechselten, so blieb er der in zahllosen Nachstichen tradierten Kunst Raffaels doch immer besonders verbunden (Abb. 3). Während der Studienzeit in Leipzig pflegte Goethe einen intensiven Umgang mit Werken der Kunst. Neben Besuchen von Kunstkabinetten und Privatsammlungen suchte er das Gespräch mit Künstlern und Kunstkennern. Er konsultierte die einschlägigen Hand- und Lehrbücher und setzte seine eigene praktische Zeichentätigkeit fort. Diese beinhaltete die Aneignung druckgraphischer Techniken wie der Radierung, dem Kupferstich und dem Holzschnitt. Gefördert wurde er durch Adam Friedrich Oeser, den Direktor der Leipziger Kunstakademie, der sein künstlerisches Urteilsvermögen prägte und dem Goethe auch nach seiner Zeit in Leipzig verbunden blieb.

Goethes Ankunft in Weimar im November 1775 und die folgende Anstellung am Weimarer Hof waren für seine Entwicklung als Graphiksammler von entscheidender Bedeutung. In dem jungen Herzog Carl August fand er einen Gleichgesinnten, der nach der Übernahme der Regierungsgeschäfte auch durch gezielte Kunstankäufe neue Akzente zu setzen versuchte. Ein wichtiger Vermittler war dabei der befreundete Darmstädter Kriegsrat Johann Heinrich Merck, den Goethe bei einem gemeinsamen

Aufenthalt auf der Wartburg im September 1777 dem Herzog vorstellte. Als Kunstagent versorgte Merck den Weimarer Hof regelmäßig mit Druckgraphik und Handzeichnungen wie jenem aquarellierten Früchtestillleben von der Hand des Jan van Huysum, das sich mit relativer Sicherheit der frühen Graphiksammlung Goethes zuordnen lässt (Abb. 4). Eine besondere Wertschätzung brachte man den Radierungen Rembrandts entgegen.

Anlässlich einer Sendung niederländischer Kupferstiche dankte Goethe am 11. Januar 1778 Merck mit folgenden Worten: „Die Kupfer sind sehr zur rechten Zeit angekommen und haben uns grose Freude gemacht. Der Herzog hat sich recht dran ergözt, es ist wunderbaar wie sich sein Gefühl an diesen Sachen geschwind aufschliest." Kaum zufällig legte Goethe seinem Brief, der kunstpädagogische Absichten dokumentiert, eine eigenhändige Radierung mit dem launigen Kommentar bei: „Die Götter haben mir im Zeichnen neuerdings grose Eröfnungen gethan." Tatsächlich zeichnete Goethe in jenen Jahren häufig, und nicht selten wählte er eine besonders geschätzte Vorlage, um diese zu kopieren. Eine Vorliebe pflegte er für die Kupferstiche des niederländischen Landschaftsmalers Allaert van Everdingen, deren künstlerische Qualitäten er eingehend studierte (Abb. 5 und 6). Merck war es schließlich auch, der Goethe bei der Anlage einer eigenen Sammlung beriet.

Abb. 4 | Jan van Huysum, Früchtestillleben, undatiert

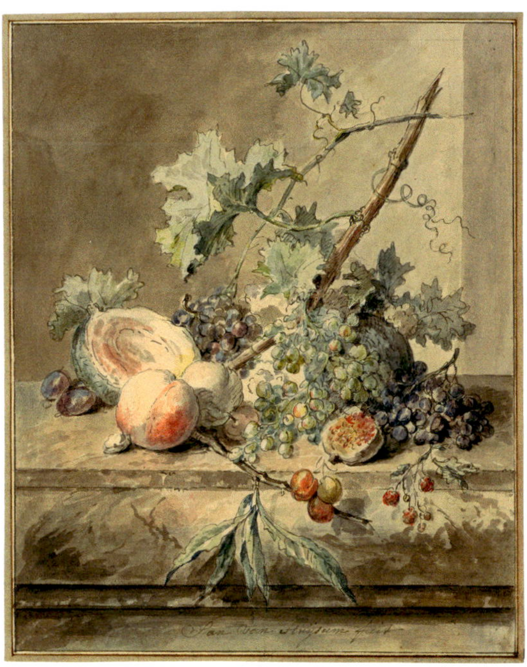

Eine gemeinsame Reise in die Schweiz (1779/80) sollte Goethe und Herzog Carl August dann weitere Impulse geben. In Zürich traf Goethe mit dem befreundeten Theologen und Schriftsteller Johann Caspar Lavater zusammen, an dessen Hauptwerk, den *Physiognomischen Fragmenten,* er zuvor mitgearbeitet hatte. Höhepunkt seiner Beschäftigung mit Lavaters umfangreicher graphischer

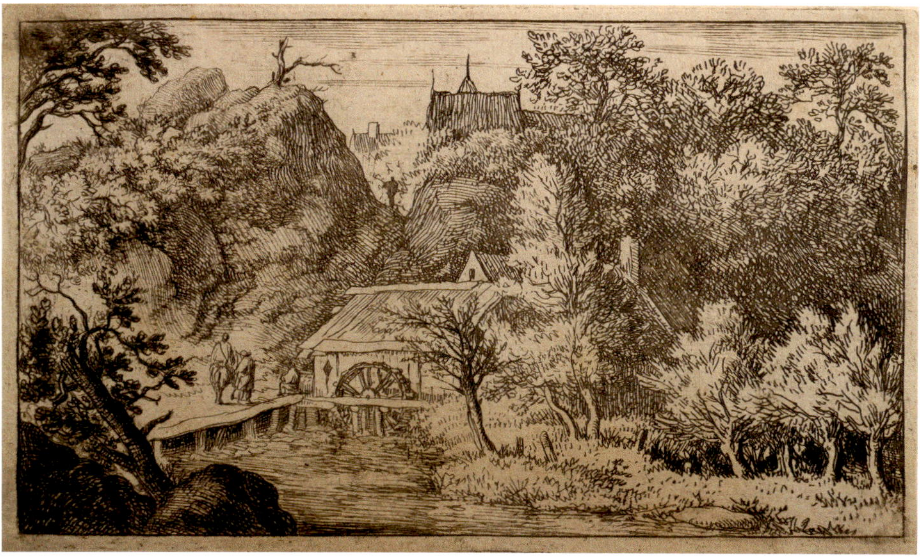

Abb. 5 | Allaert van Everdingen, Wassermühle am Berg, undatiert

Sammlung war dessen Auftrag, seine umfangreiche Kollektion mit Kupferstichen Albrecht Dürers zu ordnen und zu ergänzen – eine Aufgabe, mit der Goethe nach der Rückkehr aus der Schweiz bis in den Herbst 1780 beschäftigt war. In diesem Zusammenhang bat Goethe im Brief vom 3. September 1780 Lavater darum, ihm weitere Blätter zu schicken: „Hast du aber welche doppelt, so schik mir sie; theils kann ich sie zu einer Sammlung brauchen die ich mir selbst mache, theils kann ich sie auch an Kupferhändler vertauschen.“ Das Zitat belegt die für Graphiksammler typische Hoffnung auf lukrative Gelegenheitskäufe und den Erhalt von Doubletten oder Abzügen seltener Plattenzustände. Die Beschäftigung mit Lavaters Dürer-Sammlung trug wesentlich dazu bei, dass sich Goethes Sammeltätigkeit professionalisierte.

Mit Raffael, Dürer und Rembrandt standen die herausragenden Künstler im Blickfeld des jungen Sammlers. Gleichwohl versäumte Goethe es nicht, auch Werke von zeitgenössischen Künstlern zu erwerben: Wohl noch in der Schweiz erstand er ein umfangreiches Konvolut von Handzeichnungen und Kupferstichen von der Hand Johann Heinrich Füsslis. Hinzu kamen Arbeiten des geschätzten Berliner Kupferstechers Daniel Chodo-

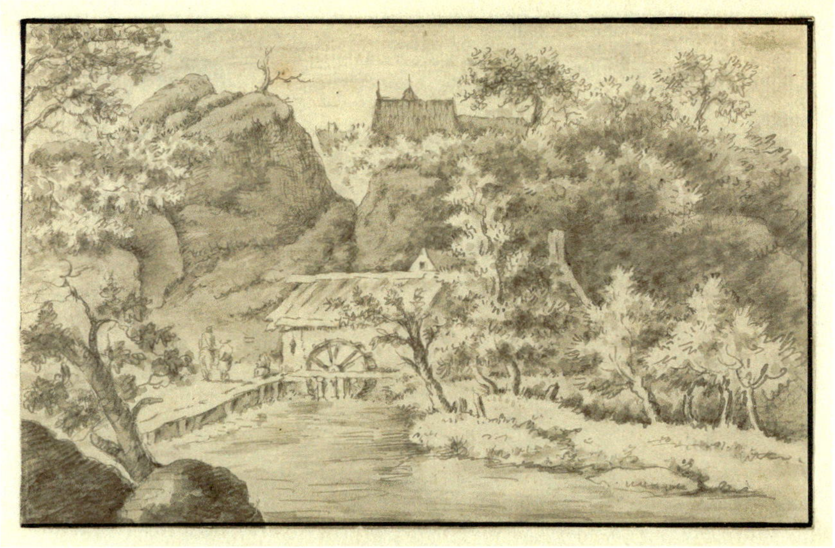

wiecki oder die eigenwilligen Zeichnungen von Friedrich Müller, genannt Maler Müller. Das Gartenhaus bot den geeigneten Raum, diese auf verschiedenen Wegen erworbenen Blätter zu vereinen. In den Jahren, die Goethe hier verlebte, wurde der Grundstock für eine erfolgreiche Sammlerkarriere gelegt, die sich nach dem Umzug ins Haus am Frauenplan im Juni 1782 nahtlos fortsetzte. Am Ende seines langen Lebens umfasste Goethes Sammlung von Handzeichnungen und Druckgraphik über 15.000 Blatt, darunter rund 2.000 eigene Zeichnungen.

AR

Abb. 6 | Johann Wolfgang Goethe nach Allaert van Everdingen, Wassermühle am Berg, 1781/82

Seit länger als einem halben Jahrhundert kennt man mich, im Vaterlande und auch wohl auswärts, als Dichter und läßt mich allenfalls für einen solchen gelten; daß ich aber mit großer Aufmerksamkeit mich um die Natur in ihren allgemeinen physischen und ihren organischen Phänomenen, emsig bemüht und ernstlich angestellte Betrachtungen stetig und leidenschaftlich im Stillen verfolgt, dieses ist nicht so allgemein bekannt, noch weniger mit Aufmerksamkeit bedacht worden.

Als daher mein seit vierzig Jahren in deutscher Sprache abgedruckter Versuch: wie man die *Gesetze der Pflanzenbildung* sich geistreich vorzustellen habe, nunmehr besonders in der Schweiz und Frankreich näher bekannt wurde; so konnte man sich nicht genug verwundern wie ein Poet, der sich bloß mit sittlichen, dem Gefühl und der Einbildungskraft anheim gegebenen Phänomenen gewöhnlich befasse, sich einen Augenblick von seinem Wege abwenden und, in flüchtigem Vorübergehen, eine solche bedeutende Entdeckung habe gewinnen können.

Diesem Vorurtheil zu begegnen, ist eigentlich vorstehender Aufsatz verfaßt […] nicht durch eine momentane Inspiration, noch unvermuthet und auf einmal, sondern durch ein folgerechtes Bemühen bin ich endlich zu einem so erfreulichen Resultate gelangt.

Aus: Johann Wolfgang Goethe, Der Verfasser theilt die Geschichte seiner botanischen Studien mit, 1831

Unter Goethes naturwissenschaftlichen Sammlungen befindet sich auch eine umfangreiche Abteilung zur Botanik. Goethe veröffentlichte mehrere Beiträge dazu. In einer späteren Ausgabe seiner Schrift *Versuch die Metamorphose der Pflanzen zu erklären* von 1831 ordnet er seine Studien wissenschaftshistorisch ein.

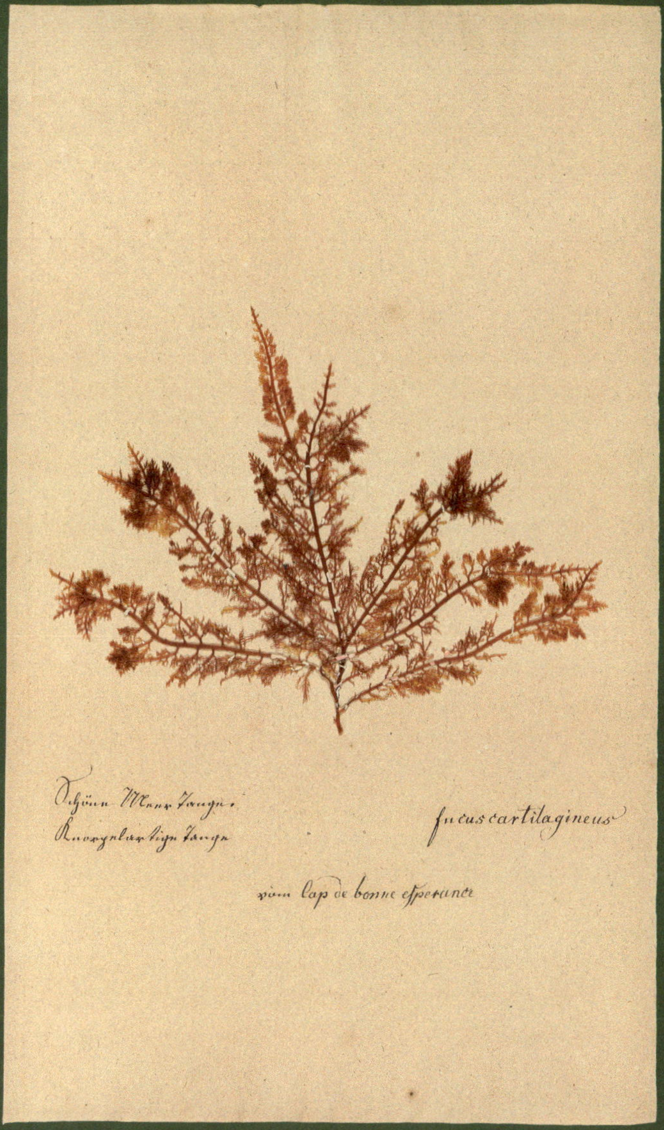

Rotalge (Gelidium cartilagineum), aus Johann Wolfgang Goethes Herbarium, 1780

„UNENDLICHES IN BEWEGUNG“ – SAMMLUNGSMÖBEL IM GARTENHAUS

Die heutige Einrichtung des Gartenhauses ist nicht die originale der Lebenswelt Goethes. Sie kann es nicht sein, denn das Gartenhaus und sein Mobiliar waren schon zu seinen Lebzeiten und erst recht nach Goethes Tod wiederholten Veränderungen unterworfen, durch bauliche Maßnahmen, Vermietungen oder museale Überarbeitungen. Goethe hat die Möbel des Gartenhauses später auch im Haus am Frauenplan genutzt, zum Teil verkauft und manche wurden entsorgt. Dies erschwert eine Rekonstruktion erheblich und dennoch: Dank der zahlreichen überlieferten Handwerker-Rechnungen, den Eintragungen Goethes in seinen Tagebüchern sowie Äußerungen von Zeitgenossen und ihm selbst in Briefen ist einiges über die mobile Einrichtung und darüber, wie Goethe diese für seine Arbeiten als Sammler und Autor nutzte, bekannt.

1780 besuchte ihn der Schriftsteller und Jurist Johann Anton Leisewitz im Gartenhaus. Über den Saal im Erdgeschoss schrieb er: „Wir speisten in einem Zimmer, das mit einigen antiken Statuen und mit Naturalien-Schränken besetzt war, eine Statue des Apollo schien mir für das Zimmer zu groß.“ Die beiden Samm-

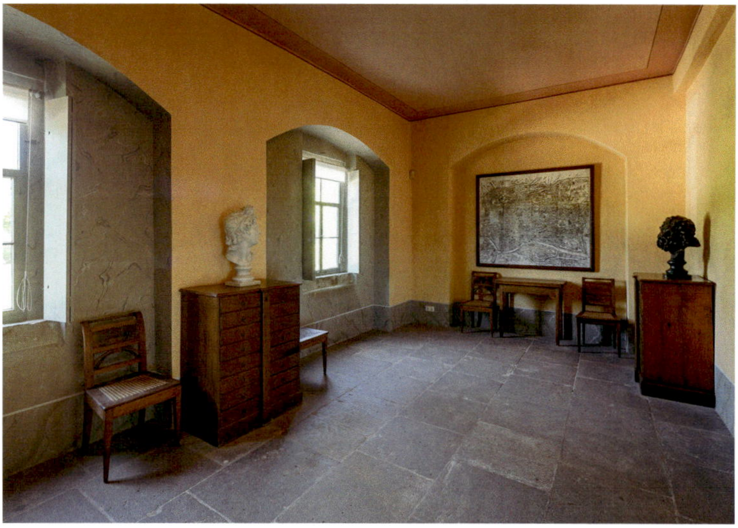

Abb. 1 | Sammlungsschränke im „Erdsälgen“

lungsschränke, die heute im „Erdsälgen", dem früheren Speisezimmer, zu sehen sind, stammen tatsächlich aus Goethes Besitz (Abb. 1). Ob aber genau diese Schränke je im Gartenhaus standen und ob sie an den heutigen Standorten im Raum aufgestellt waren, ist keinesfalls sicher.

Goethe erwarb im Laufe seines Lebens für seine kunst- und naturhistorischen Sammlungen mehr als 50 verschiedene eigens für ihn gefertigte Sammlungsmöbel. Darin waren über 50.000 Objekte untergebracht. Einige Schränke besaß Goethe bereits seit seiner Zeit im Gartenhaus, denn kurz nach dem Einzug hatte er begonnen, Kunst- und Naturobjekte zu sammeln. Für das unmöbliert übernommene Haus wurden sämtliche Möbel neu angeschafft. Einen der ersten Naturalienschränke fertigte 1780 der Weimarer Tischler Johann Frantz Andreas Preller. In seiner Rechnung an Goethe listete er einen Schrank auf mit zehn „Schubkästen" und 20 „Knöpfen", also runden Griffen. Da er außerdem die exakten Maße vermerkte, ist es möglich, diesen Schrank sowie zwei weitere Schränke in ähnlicher Bauweise zu identifizieren. Sie stehen nicht mehr im Gartenhaus, sondern in einem der beiden Pavillons im Garten von Goethes Haus am Frauenplan. Dort hatte Goethe in späteren Jahren große Teile seiner umfangreichen Sammlungen von Mineralen, Gesteinen und anderen naturwissenschaftlichen Objekten untergebracht und dafür auch die Schränke aus seinem Gartenhaus weiter genutzt (Abb. 2).

In den Rechnungsbüchern werden diese Schränke als „Naturalienschränke" aufgeführt. Damit war im damaligen Sprachgebrauch ein Schrank für Mineralien oder auch für andere Naturgegenstände gemeint. Später tauchen in den Rechnungen Goethes für solche Möbelstücke noch die Bezeichnungen „Steinschrank", „Mineralienschrank" oder „Stufenschrank" auf, nach ihren Objekten, den Mineralienstufen. Die drei ältesten überlieferten Schränke erinnern in ihrer Formsprache noch an das Barock: Alle weisen ein geschweiftes Sockelbrett auf, das zeigt, dass sie bereits zu einem relativ frühen Zeitpunkt gefertigt wurden. Zudem haben sie zwei höhere Schubladen im unteren Bereich für besonders große und schwere Objekte. Ihre ähnliche Bauweise legt eine gemeinsame Aufstellung nahe und lässt vermuten, dass es sich durchaus um die Sammlungsmöbel handeln könnte, die Leisewitz bei seinem Besuch 1780 gesehen hat. Die Schränke waren laut der Handwerker-Rechnungen zu diesem Zeitpunkt grau gestrichen, anders als die lackierten, braun erscheinenden Schränke, die heute im Gartenhaus stellvertretend gezeigt werden.

Zusammen mit den Kunstgegenständen und einigen größeren Fossilien, die nach Zeitzeugenberichten zeitweise sogar auf dem Boden des „Erdsälgens" aufgestellt wurden, vermittelte der Raum neben seiner Funktion als Speise- und Gesellschaftszimmer so den Eindruck eines mit Natur- und Kunststudien beschäftigten Hausherrn. Schon in jener frühen Zeit zeigte sich hier ein Wohnkonzept, das Goethe zeitlebens verfolgte: die Verknüpfung von Sammlungs- und Wohnraum zu einem inspirierenden Ganzen. Die Sammlungsobjekte in den Zimmern sollten zum Gespräch anregen.

Auch in den oberen Räumen des Gartenhauses verfolgte Goethe konsequent das Wohnkonzept eines Autors und Sammlers. In seiner Bibliothek standen schon 1778 ein „großes Bücher-Repositorium", also ein Regal in der Art, wie es auch heute dort zu sehen ist, sowie zwei Lesepulte mit Repositorien für weitere Bücher. Im Arbeitszimmer befanden sich neben dem obligatorischen Schreibtisch Pulte mit Repositorien für Bücher und Unterlagen, außerdem ein Akten- und ein Papierschrank. Stellvertretend wird hier auch der Nachbau eines Münzschrankes Goethes gezeigt. Alle diese Gebrauchsmöbel nahm Goethe später mit in sein Haus am Frauenplan, wo sie zum Großteil noch immer stehen.

Ein auffälliges Möbelstück ist das Repositorium für Kupferstiche, das inzwischen wieder im Gartenhaus präsentiert wird (vgl. S. 94, Abb. 1). Es wurde eigens für großformatige Kunstmappen angefertigt. Goethes graphische Sammlung hat ihren Anfang in den 1780er Jahren. Es verwundert nicht, dass er dafür ebenso wie für seine naturkundlichen Sammlungen spezielle Möbel bauen ließ. Einer der Tischler Goethes bezeichnete ein solches Möbel als „Repositorium für die Portufalligen", also für die Portefeuilles, die Kunstmappen. Die Fächer sind nicht – wie etwa bei Bücherregalen – mit Einlegebrettern versehen, sondern rahmenartig gestaltet. Möglicherweise waren sie früher mit einer

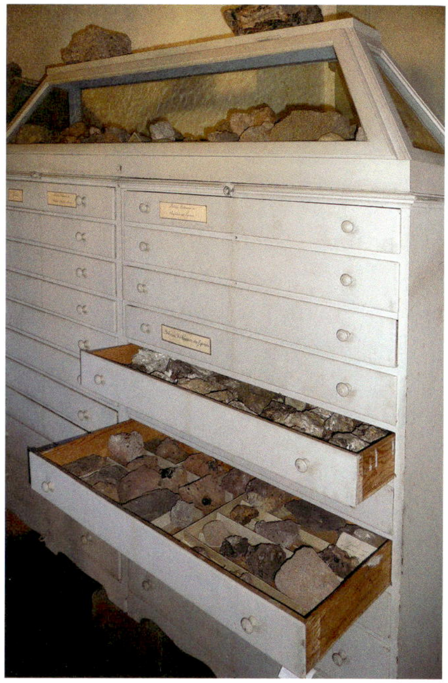

Abb. 2 | Mineralienschrank im Steinpavillon im Garten von Goethes Haus am Frauenplan

Auflage aus Karton bedeckt, um die Kunstmappen zu schonen. Im unteren Bereich des Repositoriums befindet sich eine Schublade, beispielsweise für einen Katalog der Sammlung oder auch für weitere Zeichnungen. Das Möbel veranschaulicht Goethes Vorliebe für praktisch Notwendiges in ästhetischer Gestalt. In seinem Tagebuch vermerkte er zur Ankunft eines solchen Gestells, von denen er mehrere besaß: „neues Repositorium für schnelleres Arrangement der Kupfer und Zeichnungen". Mit seiner mahagoniähnlichen Fassung fügte sich das Repositorium leicht in die Wohnräume Goethes ein. Die beiden metallenen Schließstangen stammen aus späterer Zeit. Sie wurden angebracht, um die Mappen vor Diebstahl zu schützen.

Schon im Gartenhaus war es Goethes Anliegen, bequem, aber auch praktisch eingerichtet zu sein. Er legte Wert darauf, schnell alles Wichtige bei der Hand zu haben. Seine Sammlungsmöbel waren nicht als edle, skulpturale Elemente gestaltet, sondern als funktionale Gebrauchsmöbel. Einem einmal gewählten Typ, der sich bewährt hatte, blieb er treu. Die Sammlungsmöbel, die mit den Jahren im Haus am Frauenplan immer zahlreicher wurden, folgten alle der Form aus der frühen Zeit im Gartenhaus.

Als Goethe ab den 1820er Jahren das Gartenhaus wieder intensiver nutzte, ließ er Sammlungsmöbel zum Teil auch nur vorübergehend wieder hier aufstellen, um sich ungestört seinen Objekten der Kunst und Natur widmen zu können. Goethes Einsicht, Sammlungen seien „ein Unendliches in Bewegung", die er in der 1805 veröffentlichten Sammelschrift zu Johann Joachim Winckelmann formulierte, galt ebenso für deren Aufbewahrungsmöbel und seine jeweilige häusliche Einrichtung. Beides wurde stets seinen Bedürfnissen als Sammler und Autor angepasst und lässt sich daher kaum in einem feststehenden musealen Raumkonzept manifestieren.

DS

Neapel, den 9. März.

Die Stürme dieser Tage haben uns ein herrliches Meer gezeigt, da ließen sich die Wellen in ihrer würdigen Art und Gestalt studiren; die Natur ist doch das einzige Buch, das auf allen Blättern großen Gehalt bietet. Dagegen gibt mir das Theater gar keine Freude mehr. [...] Mir ist es ein großer Guckkasten; es scheint, ich bin für solche Dinge verdorben.

Neapel, zum 17. März.

Wenn ich Worte schreiben will, so stehen mir immer Bilder vor Augen, des fruchtbaren Landes, des freien Meeres, der duftigen Inseln, des rauchenden Berges, und mir fehlen die Organe das alles darzustellen.

Hier zu Lande begreift man erst, wie es dem Menschen einfallen konnte das Feld zu bauen, hier wo der Acker alles bringt, und wo man drei bis fünf Ernten des Jahres hoffen kann. In den besten Jahren will man auf demselben Acker dreimal Mais gebaut haben.

Ich habe viel gesehen, und noch mehr gedacht: die Welt eröffnet sich mehr und mehr, auch alles, was ich schon lange weiß, wird mir erst eigen. Welch ein früh wissendes und spät übendes Geschöpf ist doch der Mensch!

Aus: Johann Wolfgang Goethe,
Italienische Reise, II, 1817

Von 1786 bis 1788 reiste Goethe erstmalig durch Italien. Fast dreißig Jahre später, 1816 und 1817, veröffentlichte er in zwei Bänden seinen autobiographischen Reisebericht. In ihm finden sich auch umfassende kunsttheoretische und -pädagogische Passagen.

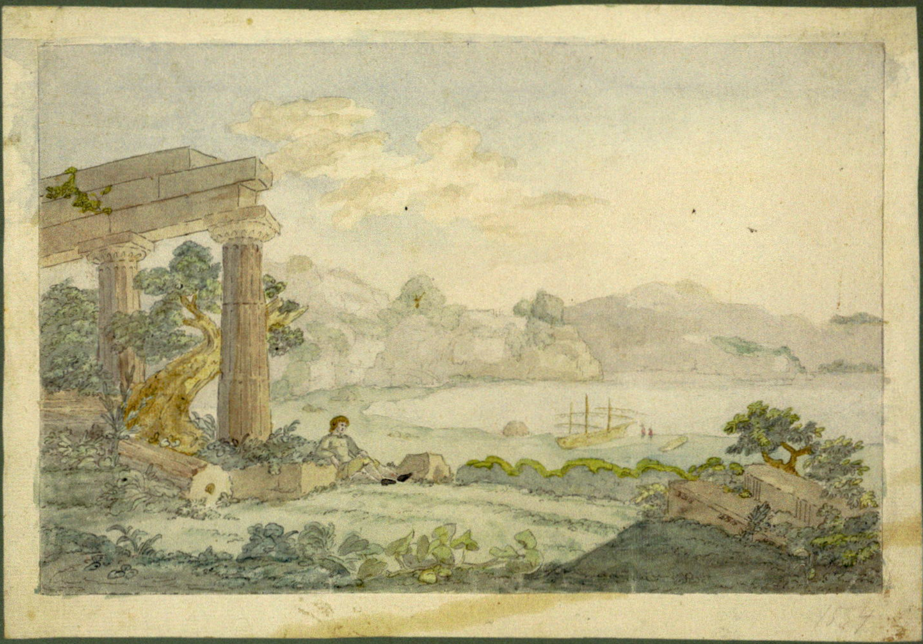

Johann Wolfgang Goethe,
Tempelruine und Meeresbucht, 1787

WORTLANDSCHAFTEN – ZEICHNEN UND DICHTEN UNTERWEGS

In den Jahren, in denen Goethe im Gartenhaus im Park an der Ilm lebte, gehörte das Zeichnen zu seinem Alltag. In seinen Tagebüchern und in Briefen ist häufiger davon die Rede. Er zeichnete zum Zeitvertreib, aber ebenso um die ihn umgebende Natur und ihre Phänomene zu erfassen. Im Zeichnen suchte er sowohl geistige Anregung als auch Entspannung. So notierte er im November 1780, während er am Schauspiel *Torquato Tasso* arbeitete, in seinem Tagebuch: „An Tasso morgentlich geschrieben. In Geschäften mich gehalten. Wenn nichts gehen wollte gezeichnet." Zudem war das Zeichnen für Goethe ganz offensichtlich auch eine beglückende Tätigkeit. „Zeichnete früh glücklich", schrieb er am 12. September 1776 in sein Tagebuch und im selben Jahr in einem Brief an Charlotte von Stein: „Drey holde Stunden habe ich für Sie gezeichnet."

Goethes Leben nach seiner Ankunft in Weimar 1775 wurde ganz wesentlich von den verschiedenen Reisen geprägt, die ihn durch Thüringen und in den Harz sowie in die Schweiz führten. Schon vor dem Schlüsselerlebnis der Italienreise wurde die Erfahrung des Reisens zu einer Konstante, die sich vielfältig in seinem Werk spiegelt. Oftmals zu Fuß unterwegs, thematisierte Goethe in jenen Jahren mehrmals das Motiv des Wanderns.

Heute sind zwei seiner Gedichte unter der Bezeichnung „Wanderers Nachtlied" bekannt. Das frühere der beiden entstand, wie Goethe auf dem Manuskript festhielt, 1776 „an den Hängen des Ettersberg". Diesen nördlich von Weimar gelegenen Höhenzug durchwanderte er häufig. In den Versen spricht ein Rastloser, der die Erfüllung seines nicht näher beschriebenen Strebens nach „süßem Frieden" herbeisehnt:

Der du von dem Himmel bist,
Alle Freud und Schmerzen stillest,
Den, der doppelt elend ist,
Doppelt mit Erquickung füllest;
Ach, ich bin des Treibens müde!
Was soll all die Quaal und Lust?
Süßer Friede,
Komm, ach komm in meine Brust!

Es ist gemutmaßt worden, dass hier mit dem Wanderer Goethe selbst gemeint sein könnte. Die Verse stehen im Kontext seiner Beziehung mit Charlotte von Stein, denn die Urschrift des Gedichtes fand sich unter den Briefen Goethes an sie.

Weit weniger bekannt als seine schriftstellerischen Werke aus jenen Jahren sind die vielen auf Reisen entstandenen Zeichnungen. Sie sind Notate seiner Reisewege und Medium zur Erfassung der für ihn neuartigen Welt. Unterwegs führte Goethe gewohnheitsmäßig Skizzenbücher und Papiere, Bleistifte, Feder und Pinsel mit, die Utensilien des reisenden Künstlers. Er ging oft inkognito auf die Reise, um unerkannt und damit auch unbeschwerter unterwegs sein zu können. Die Wahl eines Pseudonyms, die in gewisser Weise auch das Annehmen einer neuen Identität bedeutete, grenzte diese Unternehmungen von den alltäglichen Geschäften des Staatsdieners ab. Goethe reiste 1777 als Maler Weber in den Harz, 1786 als pittore Filippo Miller nach Italien. Dass er sich hier als Künstler ausgab, war keinesfalls Zufall.

Abb. 1 | Johann Wolfgang Goethe, Mundloch des Kammerberg-stollens, 1776

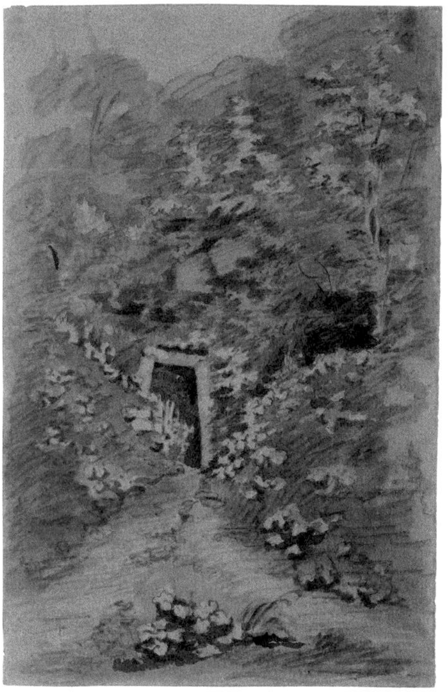

Als sich Goethe im November 1777 auf den Weg in den Harz machte, sprach er von der „heimlichen Reise“, in einem Brief an Charlotte von Stein sogar von einer „Wallfahrt“. Sein Interesse, den Harz zu erkunden, war ein Mehrfaches. 1777 hatte ihn der Herzog in die neu gegründete Bergwerks-Kommission berufen, die für alle Belange des Bergbaus im Herzogtums Sachsen Weimar zuständig war. Daher besuchte Goethe auch im Harz einige Schächte und Bergwerke, um Wissen über den Bergbau zu sammeln. Bereits 1776 war er im Thüringer Wald unterwegs gewesen, um die dortigen Bergwerke in Augenschein zu nehmen. Den Eingang, das „Mundloch" des Kammerbergstollens bei Ilmenau hat er dabei in einer Zeichnung festgehalten (Abb. 1).

Mit der Reise in den Harz verband Goethe die Erfüllung eines besonderen Wunsches, wie er Charlotte von Stein in einem Brief von unterwegs bekannte: „Ich will Ihnen entdecken (sagen Sie s niemand) dass meine Reise auf den Harz war, dass ich wünschte den Brocken zu besteigen". Goethe brach dazu am Morgen des 10. Dezember auf. Zuvor hatte er den Bergführer überzeugen müssen, dieses Wagnis einzugehen. Denn dieser „versicherte die Unmöglichkeit hinauf zu gehn, und wie offt er Sommers droben gewesen wäre und wie leichtfertig es wäre ietzt es zu versuchen." Am Ende bestiegen beide den Brocken im tiefsten Schnee und unter widrigsten Bedingungen. Dieses Erlebnis hat Goethe offenbar stark geprägt. Von der Naturerfahrung zeugt eine Zeichnung

Abb. 2 | Johann Wolfgang Goethe, Brocken im Mondlicht, 1777

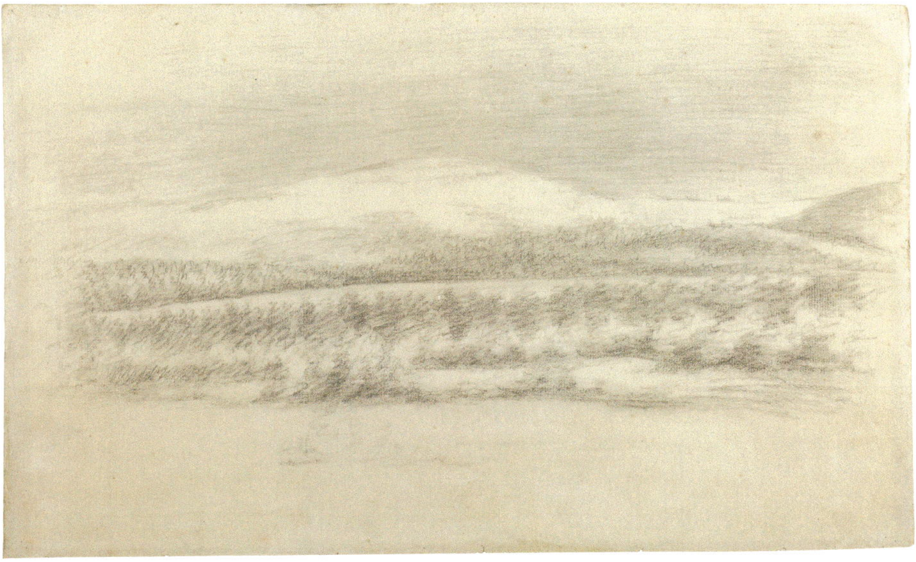

(Abb. 2), die seiner Beschreibung des Brockens in einem Brief an Charlotte von Stein entspricht: „Alle Nebel lagen unten, und oben war herrliche Klarheit und heute Nacht bis früh war er im Mondschein sichtbaar und finster auch in der Morgendämmrung".

Das Erlebnis des Harzes im Winter, seine eigene Erfahrung als Wanderer, hat Goethe zudem in seiner berühmten *Harzreise im Winter,* die in unmittelbarem Zusammenhang zu seiner Reise entstanden ist, in Verse gefasst (Abb. 3):

[…]
Leicht ists folgen dem Wagen,
Den Fortuna führt,
Wie der gemächliche Troß
Auf gebesserten Wegen
Hinter des Fürsten Einzug

Aber abseits, wer ists?
Ins Gebüsch verliert sich sein Pfad,
Hinter ihm schlagen
Die Sträuche zusammen,
Das Gras steht wieder auf,
Die Öde verschlingt ihn
[…]

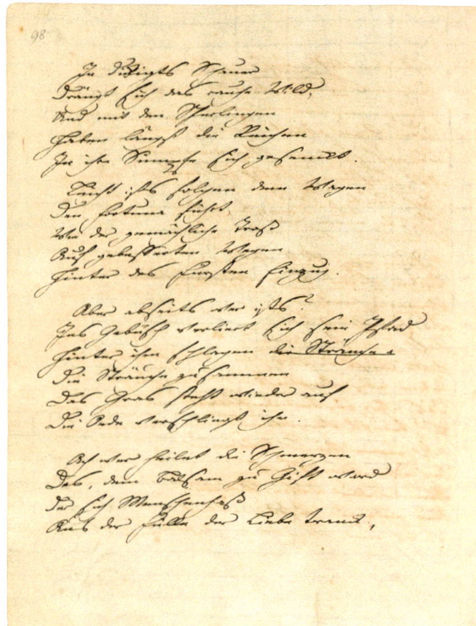

Abb. 3 | Auszug aus der *Harzreise im Winter,* eigenhändige Reinschrift von Goethe, 1789

Es erscheint reizvoll, einige Verse auf Goethes eigenes Erleben zu beziehen und in ihm den umherstreifenden Wanderer zu erkennen. Mit dem „gefürchteten Gipfel", der später beschworen wird, ist zweifellos der Brocken gemeint, den Goethe nicht nur im Gedicht, sondern auch gegenüber Charlotte von Stein als Altar beschreibt, auf dem er im übertragenen Sinne seinen Dank für die gemachte Erfahrung der Brockenbesteigung opfert: „Ich war oben heut und habe auf dem Teufels Altar meinem Gott den liebsten Danck geopfert“, berichtete er ihr nach Weimar. Auch Goethe hatte sich, wie im Gedicht der Wanderer, von der Gesellschaft seines Herzogs abgewandt, um in der Einsamkeit, im „Abseits“, seiner eigenen, verschneiten Wege zu gehen. Damit führte Goethe in die deutschsprachige Literatur der Romantik ein nach ihm vielgenutztes Motiv ein. Am bekanntesten ist heute wohl der durch die Vertonung von Franz Schubert weltberühmt gewordene Gedichtzyklus *Die Winterreise* (1824) von Wilhelm Müller, der die Motive des Winters und des einsamen Wanderers in der Fremde aufgreift.

Ein zweites Gedicht wurde von Goethe bei der Veröffentlichung im Jahr 1815 mit dem Titel *Wandrers Nachtlied/Ein gleiches* überschrieben:

Ueber allen Gipfeln
Ist Ruh',
In allen Wipfeln
Spürest Du
Kaum einen Hauch;
Die Vögelein schweigen im Walde.
Warte nur! Balde
Ruhest du auch.

Goethe, damals Anfang 30, schrieb die Urfassung am 6. September 1780 an die Holzwand der Jagdhütte auf dem Kickelhahn bei Ilmenau. Wie er Charlotte von Stein am selben Tag mitteilte, war er aus der Stadt dorthin geflohen, „um dem Wuste des Städgens, den Klagen, den Verlangen, der Unverbesserlichen Verworrenheit der Menschen auszuweichen.“

Schon kurze Zeit nach seiner Ankunft in Weimar hatte sich Goethe immer wieder in die unberührte Abgeschiedenheit des Thüringer Waldes begeben und diesen ausgiebig durchwandert. Im Sommer des Jahres 1776 entstand dabei eine Zeichnung, die heute als die *Dampfenden Täler bei Ilmenau* bekannt ist (Abb. 4). Sie ist eine der eindrucksvollsten Zeichnungen des jungen Goethe und war, wie viele Blätter jener Jahre, Charlotte von Stein zu-

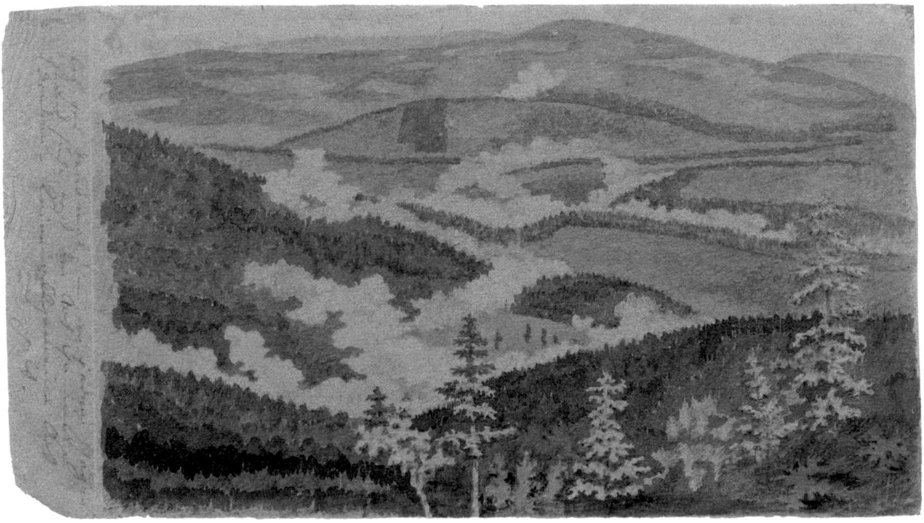

gedacht. Dargestellt ist der Blick aus der Höhe, hinunter auf die hügelige Landschaft des Thüringer Waldes. Aus den Tälern zieht Nebel herauf. Der Blick wird in die Ferne gelenkt, er schweift ab, trotz des kleinen Formates der Zeichnung. Im Blatt ist das Erhobensein über die Welt, der Abstand von den Dingen des Alltags verbildlicht, sie steht für die Weltflucht des jungen Dichters, der sich auf die Höhen des Thüringer Waldes zurückzog.

Abb. 4 | Johann Wolfgang Goethe, Dampfende Täler bei Ilmenau, 1776

Am Vorabend seines 82. Geburtstages kehrte Goethe ein letztes Mal an den für ihn so bedeutungsvollen Ort auf dem Kickelhahn zurück. Und er sinnierte vor der Inschrift, die mehr als ein halbes Jahrhundert zuvor entstanden war. Einer seiner Begleiter an jenem Tag hat diese Wiederkehr beschrieben: „Goethe überlas diese wenigen Verse, und Tränen flossen über seine Wangen. Ganz langsam zog er sein schneeweißes Taschentuch aus seinem dunkelbraunen Tuchrock, trocknete sich die Tränen und sprach in sanftem, wehmütigem Ton: Ja: warte nur, balde ruhest du auch! schwieg eine halbe Minute, sah nochmals durch das Fenster in den düsteren Fichtenwald und wendete sich darauf zu mir mit den Worten: Nun wollen wir wieder gehen!"

CO

Von Naturereignissen erwähne ich des gewaltsamen Sturms in der Nacht vom 30. auf den 31. Januar, welcher weit und breit wüthete, und auch mir einen empfindlichen Schaden brachte, indem er einen alten ehrwürdigen Wachholderbaum in meinem Garten am Sterne niederwarf und so einen treuen Zeugen glücklicher Tage von meiner Seite riß. Dieser Baum, der einzige in der ganzen Gegend, wo der Wachholder fast nur als Gestrüppe vorkommt, hatte sich wahrscheinlich aus jenen Zeiten erhalten wo hier noch keine Gartencultur gewesen. Es hatten sich allerlei Fabeln von ihm verbreitet: ein ehemaliger Besitzer, ein Schulmann, sollte darunter begraben sein, zwischen ihm und dem alten Hause, in dessen Nähe er stand, wollte man gespensterhafte Mädchen, die den Platz reine kehrten, gesehen haben; genug er gehörte zu dem abenteuerlichen Complex jenes Aufenthalts, in welchem so manche Jahre meines Lebens hingeflossen, und der mir und andern durch Neigung und Gewohnheit, durch Dichtung und Wahn so herzlich lieb geworden.

Aus: Johann Wolfgang Goethe,
Tag- und Jahreshefte, 1809

Im Jahr 1809 berichtete Goethe von einem umgestürzten Wacholderbaum in seinem Garten am Stern. Betroffen von dem Verlust, untersuchte er gemeinsam mit dem Naturphilosophen Lorenz Oken und dem Botaniker Friedrich Siegmund Voigt den beschädigten Baum. Den Weimarer Kunstlehrer Adolph Temler beauftragte er, eine Zeichnung anzufertigen.

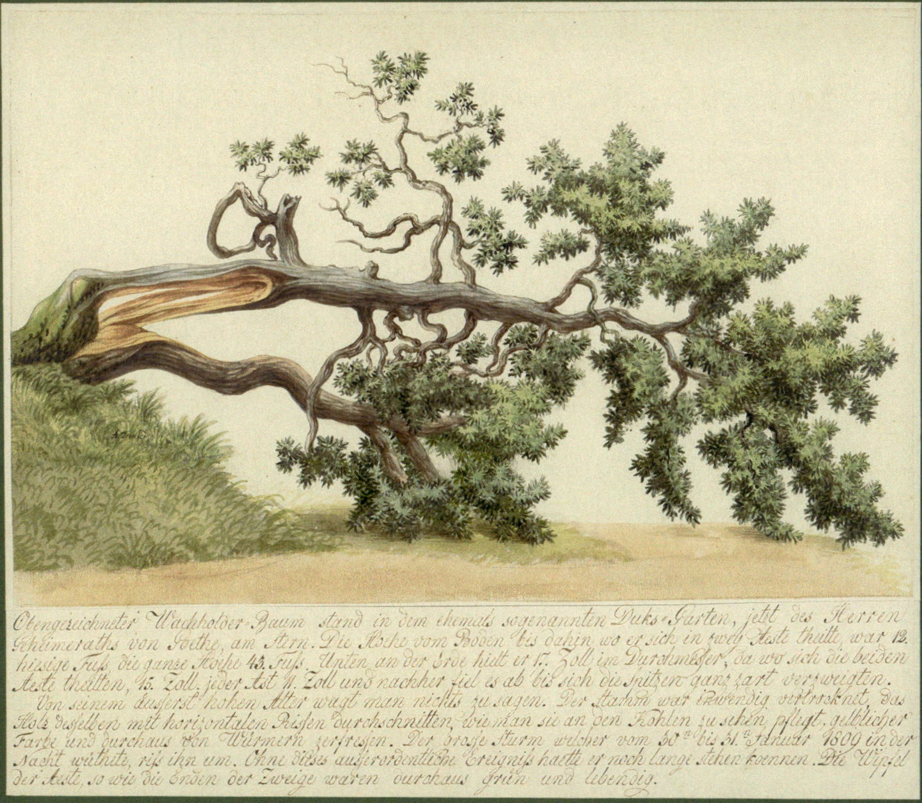

Adolph Temler, Goethes Wacholderbaum, 1809

LYRISCHE „LEBENSÜBERSCHAU“ – FRÜHSOMMER 1827 IM GARTENHAUS

„Ich verfügte mich in den unteren Garten und verblieb daselbst.“ Dieser Eintrag vom 12. Mai 1827 in Goethes Tagebuch steht am Beginn des vorletzten Aufenthaltes des damals 77-Jährigen in seinem Gartenhaus (Abb. 1). Bis zum 8. Juni lebte Goethe in der „grünen Einöde“, wie er sie in einem Brief vom 14. Mai an Philipp Christian Weyland nannte. Viele der gewohnten Tätigkeiten wurden in der „separat-extemporirte[n] Studentenwirthschaft“ – so Goethe, ebenfalls im Mai, an Carl Friedrich Zelter – fortgesetzt: Goethe empfing Besuche wie den des französischen Intellektuellen Jean-Jacques Ampère, erhielt und schrieb Briefe, las unter anderem in der Zeitung *Le Globe,* E.T.A. Hoffmanns *Goldenen Topf* sowie die französische, von Abel Rémusat herausgegebene Übersetzung einer chinesischen Novellensammlung und die des Romans *Yü Giau Li*. Und er arbeitete – an der *Ausgabe letzter Hand,* an späten Werken. Vor allem um derentwillen hat er sich zurückgezogen, wie er Henriette von Pogwisch am 14. Mai brieflich mitteilte: „um nur einigermaßen was mir obliegt zu beseitigen, mußte ich mich in meinen untern Garten flüchten“.

Über dem Frühsommer des Jahres 1827 wehte die Atmosphäre von Abschieden und Erinnerungen: Prinzessin Marie, deren Heranwachsen Goethe liebevoll begleitet hatte, verließ im Mai Weimar, um Prinz Carl von Preußen zu heiraten. Zu Beginn des Jahres war Charlotte von Stein gestorben. In Goethes Garten an der Ilm ist sie durch die ihr geweihte Steintafel auf besondere Weise gegenwärtig. Ihr Tod dürfte Gedanken auch an die Gartenhausvergangenheit eine eigene Nuance verliehen haben. In hohem Maße präsent war Goethe in dieser Zeit ferner ein Mensch, den er ohnehin nie vergessen konnte: der 1805 verstorbene Friedrich

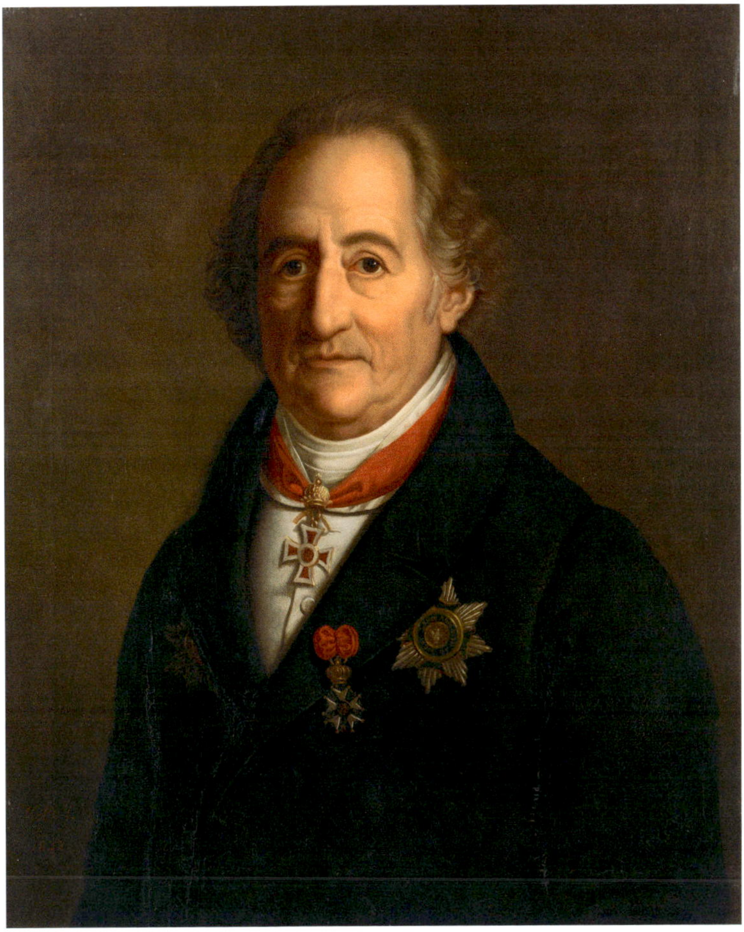

Abb. 1 | Heinrich Christoph Kolbe, Johann Wolfgang Goethe, 1822

Schiller. Im Gartenhaus las Goethe Thomas Carlyles *The Life of Friedrich Schiller.* Der Frühsommer 1827 war also eine Zeit, die Gedanken an das Vergangene im Gegenwärtigen und an Rhythmen des Lebens besonders lebendig werden lassen konnte.

Exquisit ist die poetische Frucht dieser Gartenhauszeit: Die Arbeit an seinem letzten Drama, am zweiten Teil der *Faust*-Tragödie, nahm Goethe wieder auf. Es gelang ihm, das Manuskript seines letzten Romans, die zweite Fassung von *Wilhelm Meisters Wanderjahren oder die Entsagenden,* fast vollständig abzuschließen, und er schrieb vermutlich große Teile seines letzten Gedichtzyklus, der *Chinesisch-Deutschen Jahres- und Tageszeiten*.

Vergangenes, Gegenwärtiges und auch Zukünftiges sind in den 14 Strophen dieses Zyklus auf höchst komplexe Weise miteinander verwoben. Erinnerungen an das eigene Leben und Werk werden in den Natur- und Gartengedichten, deren Ich „nicht vergessen mag" (VII. Strophe), erweitert „zu einer ebenso bewussten wie verschlüsselten Lebensüberschau" (Karl Richter).

‚Chinesisch' ist an diesen lyrischen Miniaturen nicht allzu viel; nur wenige Motive – zum Beispiel die „Mandarinen" und das Schreiben „Zug in Zügen" im ersten Gedicht, demzufolge wir uns die Verse in chinesischer Kalligraphie mit dem Pinsel zu Papier gebracht vorstellen dürfen – lassen sich auf Goethes Beschäftigung mit chinesischer Literatur zurückführen.

I.
Sag was könnt' uns Mandarinen,
Satt zu herrschen, müd zu dienen,
Sag was könnt' uns übrig bleiben
Als in solchen Frühlingstagen
Uns des Nordens zu entschlagen
Und am Wasser und im Grünen
Fröhlich trinken, geistig schreiben,
Schal' auf Schale, Zug in Zügen?

Es sind Gedichte eines Ichs, das sich aus den alltäglichen Verpflichtungen zurückzieht und „am Wasser und im Grünen" „geistig" schreibt (I.) – mit dem Blick eines Menschen, der sein Leben lang die Natur betrachtet, sie bedichtet, gezeichnet und erforscht hat. In der Schau der Phänomene der Natur vermag das Dichter-Ich Symbolisches, Universales und allgemeine Gesetze wie zyklisch immer wiederkehrende Naturrhythmen zu erkennen und in ihnen auch Trost zu finden: „Getrost! Das Unvergängliche / Es ist das ewige Gesetz / Wonach die Ros' und Lilie blüht." (XI.). Aufgespannt sind die farbenreichen Verse des Verfassers der „Farbenlehre" zwischen Polaritäten wie Licht und Dunkel, Schönheit und Hässlichkeit. Es sind Verse, in denen in Erinne-

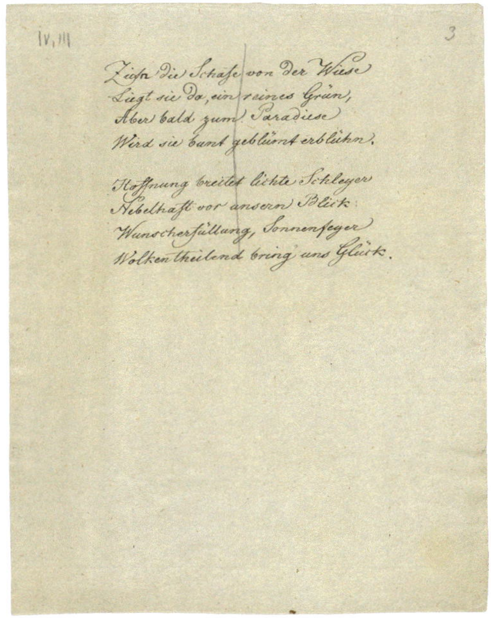

Abb. 2 | Drittes Gedicht der *Chinesisch-Deutschen Jahres- und Tageszeiten* in der Handschrift von Goethes Schreiber Johann John mit Ergänzungen in Bleistift von Goethe

rung, Trauer und Rückzugsbedürfnis „alle Nähe fern" (VIII.) werden kann – und umgekehrt das Ferne, das Vergangene nah.

In unmittelbarer Fühlung mit den Rhythmen der Natur entstanden, sind die metrisch variationsreichen, zunächst überwiegend lyrischen und im Denkspruch ausklingenden Texte Zeitgedichte in vielfacher Hinsicht. Die Sukzession der Gedichte entspricht der der Jahreszeiten Frühling, Sommer und Herbst. Nur der Winter kommt explizit nicht vor, ist aber in der Abfolge der Jahreszeiten mitgedacht – und vielleicht insofern indirekt präsent, als dieses lyrische Ensemble aus der Perspektive des Lebenswinters geschrieben wurde.

Auf über 70 Lebensfrühlinge, -sommer, -herbste und -winter konnte Goethe 1827 zurückblicken. Die Forschung hat in den *Chinesisch-Deutschen Jahres- und Tageszeiten* Erinnerungsspuren sowie geographische, literarische und biographische Anspielungen entdeckt. Sie alle entziehen sich einer eindeutigen Fixierung auf einen Ort, auf eine Person, auf ein Ereignis; sie scheinen zugleich konkret und vieldeutig zu sein sowie auf ein Allgemeines hinzudeuten: So kann der „Norden" im ersten Gedicht aus chinesischer Perspektive die ‚nördliche Hauptstadt' Peking sein; fast im Norden von Goethes Gartenhaus liegen sein Wohnhaus in der Stadt und das Weimarer Schloss. Im Grünen schreiben die der Staatspflichten müden Mandarinen des ersten Gedichts, schreibt Goethe, Staatsbeamter wie sie, in seinem Garten. Jedes Jahr konnte er von dort das Ziehen der Schafherden „von der Wiese" (III.) an der Ilm beobachten (Abb. 2).

Der Pfau (vgl. IV., V.) ist ein Motiv in der chinesischen Literatur, Pfauen gelangten im 18. Jahrhundert in abendländische Parks, auch in den Weimarer, von wo aus Goethe sie, wie Eckermann in einer Gesprächsaufzeichnung zum 22. März 1823 überliefert, in seinen Garten lockte. In *der* Frau, die „im Freien" „heran" kam, dem Ich „ihre Gunst zu zeigen" (VII.), kann man Charlotte von Stein, Christiane Vulpius und Ulrike von Levetzow sehen oder ‚jede' einprägsame Liebesbegegnung.

In der Folge der poetischen „Zauberformeln" (Erich Trunz) bis zu der an die „Gesellen" (XII.) gerichteten Aufmunterung zum Tätigkeitsein im „hier und heut" (XIV., Abb. 3) des im Garten verbleibenden Ich ist das zentrale und längste das achte Gedicht – ein Höhepunkt in Goethes später Lyrik:

Dämmrung senkte sich von oben,
Schon ist alle Nähe fern;
Doch zuerst emporgehoben
Holden Lichts der Abendstern!
Alles schwankt in's Ungewisse
Nebel schleichen in die Höh;
Schwarzvertiefte Finsternisse
Widerspiegelnd ruht der See.

Nun im östlichen Bereiche
Ahnd' ich Mondenglanz und Glut,
Schlanker Weiden Haargezweige
Scherzen auf der nächsten Flut.
Durch bewegter Schatten Spiele
Zittert Lunas Zauberschein,
Und durch's Auge schleicht die Kühle
Sänftigend in's Herz hinein.

Dieses Gedicht am Übergang zwischen Sommer und Herbst hat innerhalb des Zyklus die dunkelste Tiefe. Hier öffnen sich für einen Moment in den „schwarzvertiefte[n] Finsternisse[n]" eines Sees, in der Negation aller (Lebens-)Farbe, die Abgründe des Daseins. Sie gehören zu seinen Rhythmen wie die Jahreszeiten. Hier sind die Seelenschmerzen einschneidender Abschiede – von Weggefährten, von Lebens- und Liebesmöglichkeiten und deren Hoffnungen – zu erahnen, die Schmerzen eines, der wenige Jahre zuvor geschrieben hatte: „Mir ist das All, ich bin mir selbst ver-

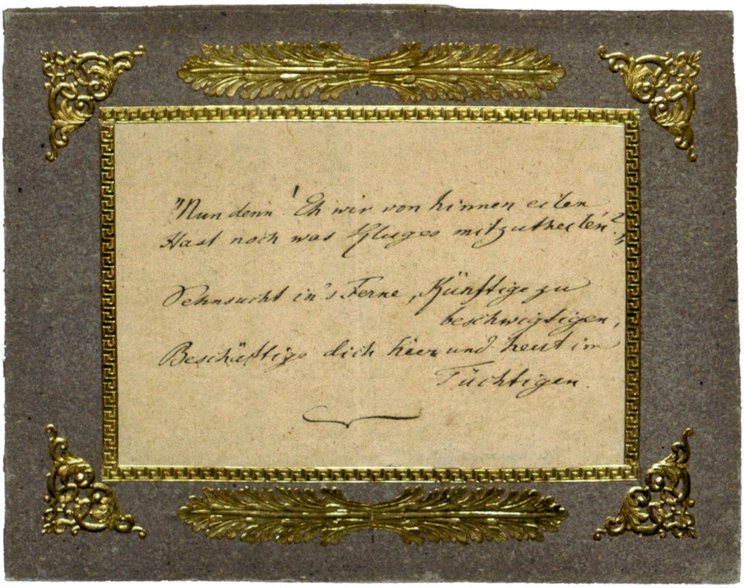

Abb. 3 | Letztes Gedicht der *Chinesisch-Deutschen Jahres- und Tageszeiten,* Geschenkblatt von Goethe

loren" *(Elegie).* Im „Mondenglanz" (VIII.), der die wie hingetuscht wirkende Lebens- und Seelenlandschaft zunächst nur ahndungsweise erhellt, kann Sänftigung ins Herz ‚schleichen'. Wie so oft in Goethes Dichtungen und in seinen Zeichnungen entfaltet Luna ihren „Zauberschein": *An den Mond* entstand in den ersten Weimarer Jahren, 1828, nach dem Tod des Großherzogs Carl August, widmete Goethe *Dem aufgehenden Vollmonde* in Dornburg die mit den Worten „Willst Du mich sogleich verlassen!" beginnenden Verse und des „Mondes volle Pracht" besingen die ‚Elfenchöre' am Anfang von *Faust II* (V. 4649). Sie sind in zeitlicher Nähe zu *Dämmrung senkte sich von oben* entstanden und haben das gleiche Versmaß wie dieses Gedicht. Auch in Tonalität, Motivik, Situationen, Zeit und Raum ähneln die ‚Elfenchöre' und das achte Gedicht des späten Zyklus einander – und darin, einen „Unglücksmann" „dem heiligen Licht" zurückgeben zu können (*Faust II,* V. 4620 und 4633).

AL

Traurig ist es, wenn man das Vorhandne als fertig und abgeschlossen ansehen muß. Rüstkammern, Gallerien und Museen, zu denen nichts hinzugefügt wird, haben etwas Grab- und Gespensterartiges; man beschränkt seinen Sinn in einem so beschränkten Kunstkreis, man gewöhnt sich, solche Sammlungen als ein Ganzes anzusehen, anstatt daß man durch immer neuen Zuwachs erinnert werden sollte, daß in der Kunst, wie im Leben, kein Abgeschlossenes beharre, sondern ein Unendliches in Bewegung sey.

Aus: Johann Wolfgang Goethe, Skizzen zu einer Schilderung Winkelmanns, 1805

Goethes Beschäftigung mit der klassischen Antike wurde wesentlich von den Schriften Johann Joachim Winckelmanns geprägt. In seinem 1805 erschienenen Text über das Leben und Wirken des Archäologen betont er dessen Bedeutung für die klassizistische Ästhetik.

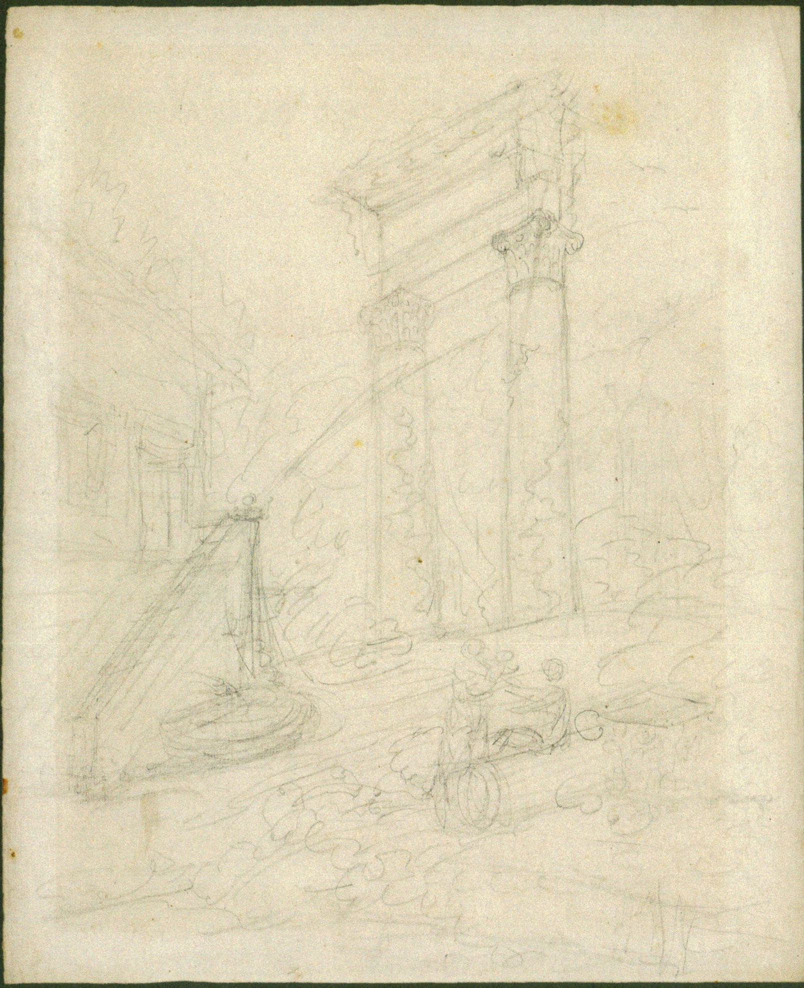

Johann Wolfgang Goethe,
Architekturstück, 1787

„… DER TRADITION IHREN LAUF LASSEN“ – DAS GARTENHAUS ALS ERINNERUNGSORT

„Gestern Abend, nach dem Regen, waren wir im Park, die Wiesen dampften, wir gingen einsame Wege, um uns küssen zu können. Vor Goethes Gartenhaus.“ Was die Schriftstellerin Brigitte Reimann für den 17. Mai 1965 in ihr Tagebuch schrieb, umreißt alles, womit der Ort offenbar schon immer aufgeladen war: Natur, Schönheit, romantische Liebe, Einsamkeit – und natürlich Literatur (Abb. 1 bis 3). Anlass für Reimanns Aufenthalt war ein internationales Schriftstellertreffen.

Mit nur 130 Quadratmetern Wohnfläche bietet Goethes Gartenhaus unendlichen Raum für Fantasien. Dass diese oft von Rückzug, Einfachheit und einem Leben mit der Natur handeln, mag überraschen für einen Ort, der schon zu Goethes Lebzeiten über Berichte und unzählige Abbildungen bekannt wurde und zu den meistdargestellten Häusern im deutschsprachigen Raum gehört (Abb. 4 und 5). Millionen von Menschen haben das Haus besucht, seit dies 1841 möglich wurde – nicht gezählt all jene, die

Abb. 1 | Christian Rohlfs, Goethes Gartenhaus in Weimar, 1902

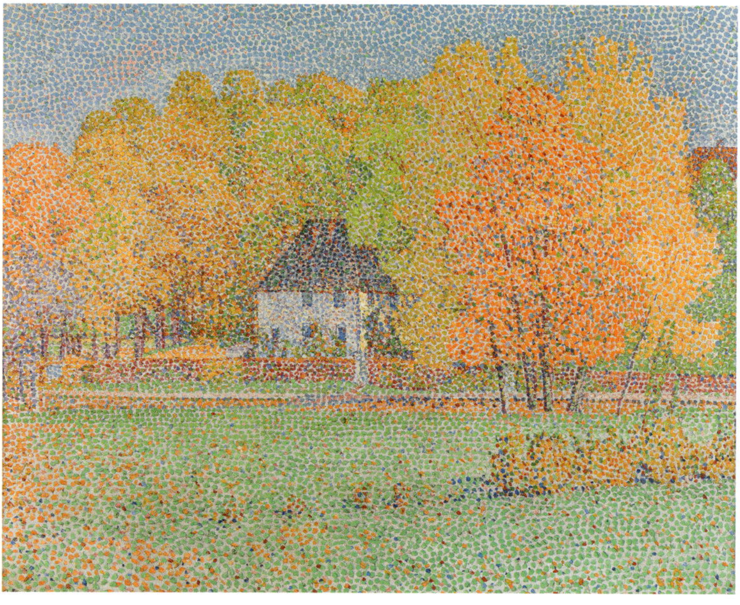

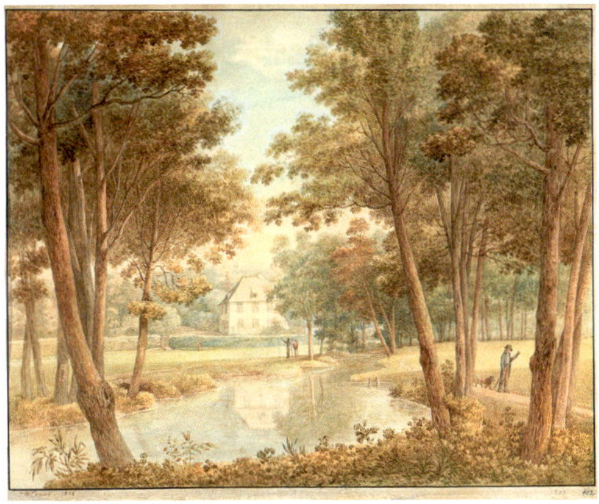

Abb. 2 | Gregor Melchior Kraus, Goethes Gartenhaus, 1806

es im Park an der Ilm von außen oder auch auf den Titelseiten von Büchern sahen.

Als „wohnbar, aber nicht wöhnlich“ bezeichnete Goethe das Innere der von ihm in Italien besuchten Villa Rotonda in einer bestechenden Differenzierung. Sein Gartenhaus hingegen scheint Besucherinnen und Besucher bis heute zu Vorstellungen von „Wöhnlichkeit“ geradezu einzuladen, was die meisten Präsentationen seit Museumsgründung durch Anschaulichkeit noch unterstützten. Anderes blieb ausgeblendet: Die Köchin Anna Dorothea Wagenknecht und drei Diener, mit denen Goethe von 1776 bis 1782 im Gartenhaus wohnte, verschwanden gewissermaßen hinter der Tapetentür, hinter der sich heute der Aufenthaltsraum von Aufsichts- und Kassenpersonal befindet. Dessen Interessen mussten hinter denen des Museumsbetriebs gelegentlich zurückstehen. So wies eine interne Mitteilung vom Oktober 1961 darauf hin, „wie kalt und dunkel es am Arbeitsplatz der Kollegen dort ist. Die Kollegen müssen bei offener Tür sitzen, weil sie sonst nicht genügend sehen.“

Alexander von Humboldt, der berühmteste Gelehrte seiner Zeit, war der erste von vielen Goethe-Verbundenen, die kamen, als dessen Erben das Haus für Besuche öffneten. Am 24. Mai 1841

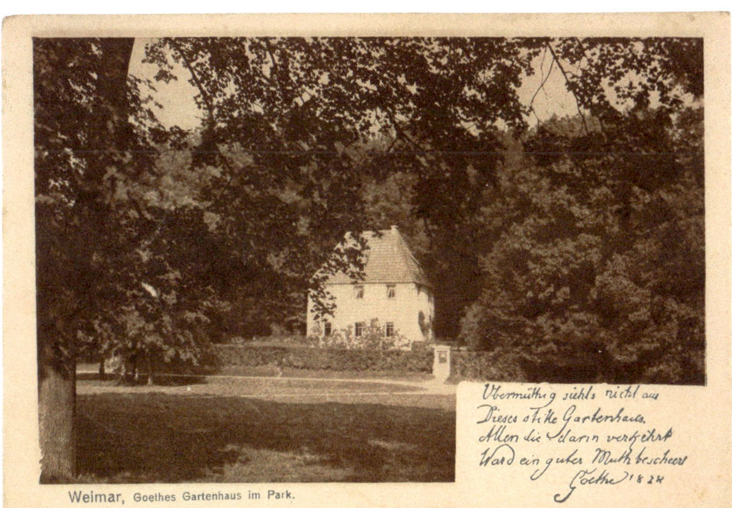

Abb. 3 | Postkarte mit Goethe-Gedicht zum Gartenhaus

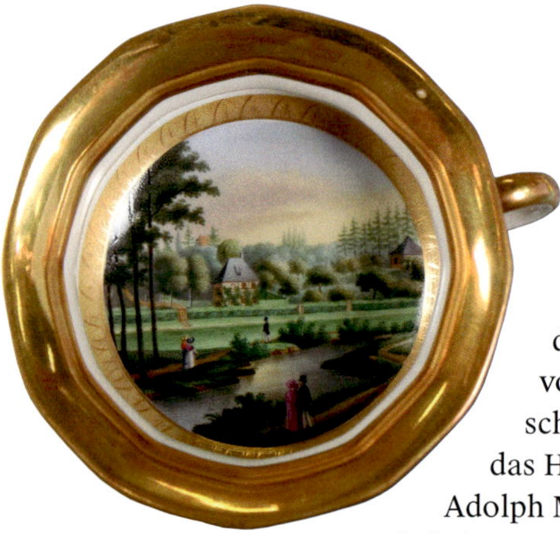

Abb. 4 | Tasse mit Ansicht von Goethes Gartenhaus, um 1840 bis 1850

trug er sich ins neu ausgelegte „Einschreibebuch“ ein. Es folgten unter vielen anderen die Familien Herder und Schiller, Bettina von Arnim und der Publizist Karl August Varnhagen von Ense. Auch für Künstler und Wissenschaftler späterer Generationen blieb das Haus Anziehungspunkt: Ernst Haeckel, Adolph Menzel, Gottfried Semper, Hans Christian Andersen und Richard Wagner gehörten zu den Besuchern. Franz Kafka und Max Brod zeichneten das Haus, Thomas Mann ließ sich 1949 davor fotografieren (Abb. 6).

Im Jahr 1922, als das Gartenhaus dem Goethe-Nationalmuseum angegliedert wurde, argumentierte der um diesen Zugewinn sehr bemühte Direktor Hans Wahl mit der beeindruckenden Zahl von bis zu 19.000 Gästen jährlich. Von allen Weimarer Sehenswürdigkeiten habe das Haus damit die größten Besucherzahlen, noch dazu ohne professionellen Museumsbetrieb. Lediglich der Gärtner hatte bis dahin durch das Haus geführt.

Hans Wahl, der das Goethe-Nationalmuseum politisch so flexibel wie anpassungsbereit seit 1918 durch Weimarer Republik, Nationalsozialismus und sowjetische Besatzung leitete und um immer neue Häuser erweiterte, stand am Anfang der musealen Präsentationen im Gartenhaus. Wie man diesen Ort seinen Besucherinnen und Besuchern richtig vermittelt, hat seither jede

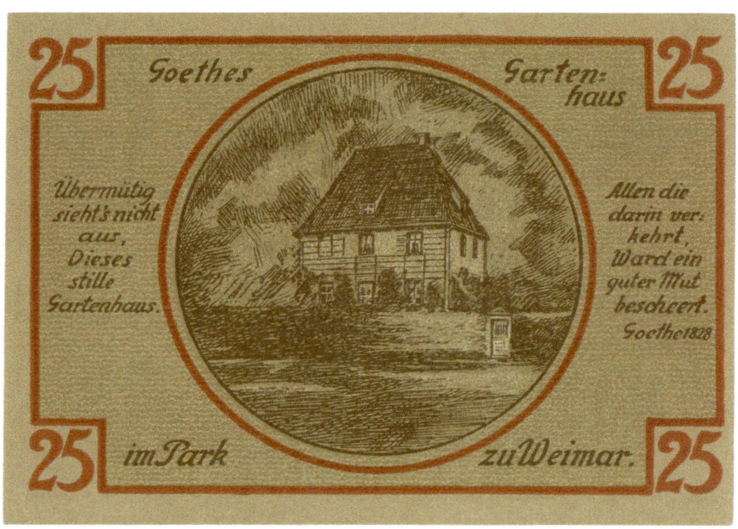

Abb. 5 | Notgeld der Stadt Weimar mit Goethes Gartenhaus als Motiv, 1921

Kuratorengeneration neu gedeutet. Ein Grundproblem: Nur für wenige erhaltene Einrichtungsstücke lässt sich ein goethezeitlicher Aufenthalt im Gartenhaus belegen. Würde man die Einrichtung auf diese Stücke beschränken, wäre das Haus, was Museen selten sind: ziemlich leer.

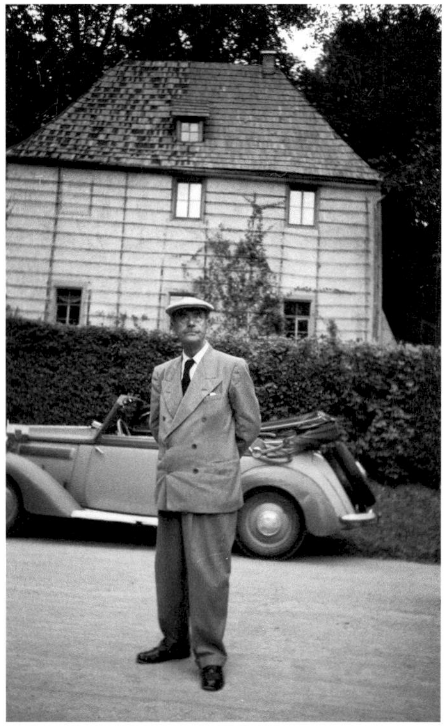

Abb. 6 | Thomas Mann vor Goethes Gartenhaus, 1949

Infolgedessen inszenierte Hans Wahl die von ihm als „vernachlässigt“ bezeichnete Stätte so, dass sie den Gästen aus seiner Sicht „einen stärkeren und reineren Eindruck“ vermittelte. Er nutzte dazu Inventar, das sich nach Briefen und Tagebucheinträgen vielleicht einmal dort befunden haben könnte. Für ihn gehörte das Haus „zu dem unberührbaren Bestand dessen in Deutschland, das man sich für die Ewigkeit geweiht vorzustellen liebt, weil es eine letzte Innigkeit deutschen Wesens auszudrücken scheint!“ Das entsprach der Perspektive der konservativen und völkischen Architekten, die in den Kulturkämpfen der Weimarer Republik das Gartenhaus als Gegenbild einer funktionalen Moderne in Stellung brachten, die sie im nahe gelegenen, Anfang der 1920er Jahre am Weimarer Bauhaus entworfenen Haus am Horn verkörpert sahen. Gerhard Schuster, während der 1990er Jahre Kustos und später Direktor des Goethe-Nationalmuseums, beschrieb Wahls Inszenierung als ein Bühnenbild, in dem man jederzeit einen goethezeitlichen Film hätte drehen können.

Alle musealen Bearbeitungsphasen folgten der Überzeugung, durch die eigene Präsentation Goethe und seiner Zeit besonders nahe zu kommen. Im Juli 1960 beispielsweise erwiderte der damalige Direktor Alfred Jericke auf eine Anfrage, „ob Goethes Gartenhaus noch im Original zu sehen“ oder nicht vielleicht „schon einmal abgebrannt“ sei: „Wir verstehen nicht recht, wie

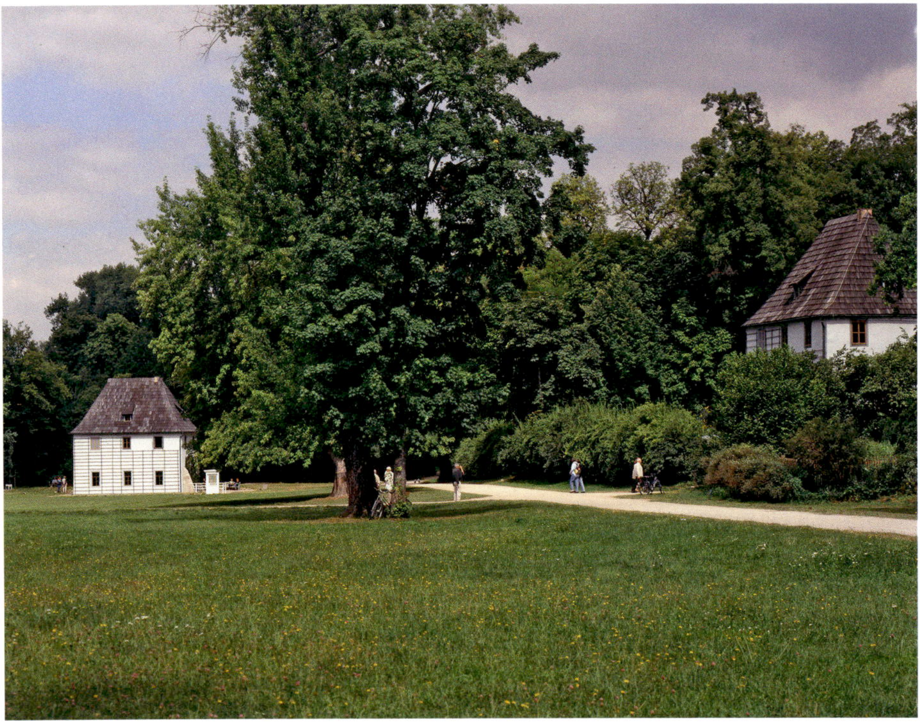

Abb. 7 | Kopie von Goethes Gartenhaus in Sichtweite des Originals, 1999

die Annahme auftauchen konnte, Goethes Gartenhaus sei nicht mehr im Originalzustand zu sehen oder sogar einmal abgebrannt. Keines von beidem ist der Fall, im Gegenteil, diese Gedenkstätte befindet sich in einem auch in den Einzelheiten weitgehend noch bezeugten originalen Zustand."

Nicht nur die jeder Präsentation zugrunde liegenden kuratorischen Entscheidungen bleiben bis heute meist hinter den Kulissen, sondern auch die permanente Arbeit für den Erhalt des Hauses und seiner vergänglichen Objekte. Einen Einblick gibt ein Restaurierungsbericht vom 6. Februar 1956 über die Bearbeitung der römischen Karten im „Erdsälgen", der den Kampf gegen die Ernährungsvorlieben von Silberfischchen und Co. dokumentiert: „Brotbohrer, Speckkäfer, Messingspinne, Motten und noch etwa 60 verschiedene Arten, alles ausgesprochene Kleisterfresser", die hingegen „tunlichst" vermeiden würden, „die Druckerschwärze zu fressen."

Seit 1953 waren die Weimarer Goethe-Häuser Teil der Nationalen Forschungs- und Gedenkstätten der klassischen deutschen Literatur. Das Gartenhaus stand nicht im Fokus der Auseinandersetzungen über die Musealisierung der Weimarer Klassik, die sich zunächst um eine gesellschaftlich adäquate Literatur- und Goethevermittlung drehten. Überarbeitungen der Ausstellung in den 1960er Jahren folgten dem von Alfred Jericke für biographische Museen formulierten Ziel, dort, wo das „organische Gefüge" nicht mehr erhalten, aber noch erkennbar sei, „die alte Ganzheit" wiederherzustellen. Allerdings änderten sich die Vorstellungen darüber, wie man diese Ganzheit und eine goethezeitliche Anschaulichkeit herstellen könne. Die Hälfte der 18 Objekte, die 1964 eine Vorstellung von der Küche vermitteln sollten, wurde bereits 1970 ersetzt und weiter ergänzt. 50 Stücke bereicherten danach den kleinen Raum, die aber, wie ein internes Dokument versicherte, keinesfalls den Eindruck erwecken sollten, hier gehe es um „Goethes tatsächliche Gartenhausküche". Dazu fehle jede Legitimation.

Bei der letzten umfangreichen Restaurierung und Vorbereitung einer Neupräsentation, die 1996 eröffnet wurde, rückte man Fragen historischer Authentizität ins Zentrum. Ebenso im Weimarer Kulturstadtjahr 1999, in dem man kurzerhand ein zweites, nach originalem Vorbild errichtetes Gartenhaus in den Park stell-

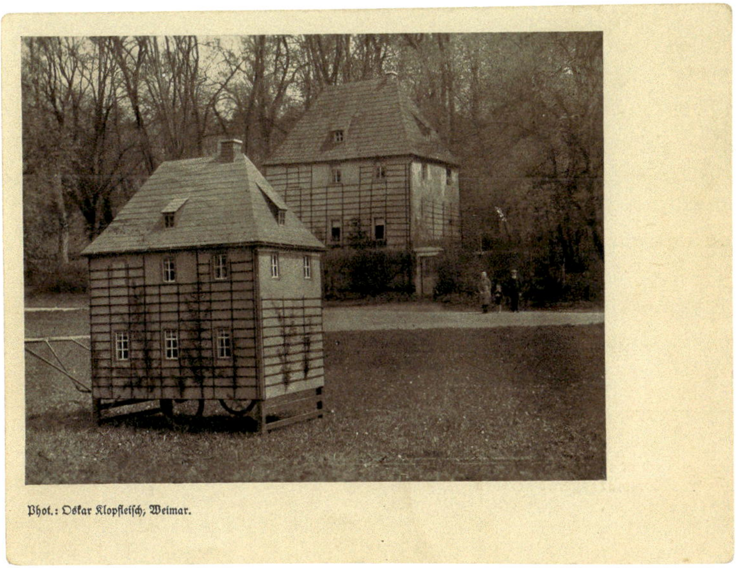

Abb. 8 | Postkarte mit dem Nachbau, 1932

te und dadurch historische „Echtheit“ unmittelbar zum Thema machte (Abb. 7). Es gibt diesen Nachbau immer noch, und er kann mittlerweile in Bad Sulza zur Übernachtung angemietet werden. Ob für diese überregional stark wahrgenommene Dopplung auch die Idee des japanischen Germanisten Shusuke Okamoto Pate stand, der bereits in den 1960er Jahren in Osaka eine Kopie errichten lassen wollte und sich dafür Pläne und Maße übermitteln ließ, lässt sich nicht belegen. Schon 1932 hatten zwei arbeitslose Handwerker ihren Nachbau auf Rädern vor das Gartenhaus gezogen, wie eine Postkarte dokumentiert (Abb. 8).

Zurück zum Original, für das im Vorfeld der Neueinrichtung in den 1990er Jahren eine umfassende Archivrecherche die Geschichte des Mobiliars und des Inventars klären sollte. Listen wurden erstellt, Bestände gesichtet. Was in einer ebenso konsequenten wie umstrittenen Präsentation der Direktorin Renate Müller-Krumbach und ihres Kustos Gerhard Schuster ab 1996 zu sehen war, kommentierte Letzterer in einem im Goethe- und Schiller-Archiv erhaltenen Typoskript:

„Was also gäbe es im Gartenhaus zu zeigen, wenn nicht die leeren Wände mit der letzten, starkfarbigen Fassung von 1820; sie lenken den Blick durch endlich vorhanglose Fenster nach draußen, in den rechteckig so umschnittenen Jahreszeitenwechsel des Parks. Wenige, aber nach Stil und Provenienz exakt verbürgte Möbel aus den siebziger Jahren des achtzehnten Jahrhunderts und im ‚Erdsälgen‘ die beiden gewaltigen Originale der Kupferstiche von Rom, noch 1829 dort angebracht: Reste einer Lebenswirklichkeit, deren sorgfältige Wiederherstellung und Analyse sich als ergiebiger erweist als jede pittoreske Staffage.“

Eine Besucherin des Gartenhauses ließ ihre Kritik an dieser Präsentation in die Frage münden: „Warum, warum nimmt man den wenigen Menschen, die noch für Vergangenes Muße haben die Illusionen? Beim Eintritt [...] erwartet man einfach eine vergangene unwiederbringliche Idylle und dann, der Schock [...] das überheblich Korrekte!“ Müller-Krumbach verwies in ihrer Antwort darauf, dass die zuvor im Gartenhaus aufgebaute Welt eben leider „nicht stimmig war“ und eine nie existente „kleine heile Welt“ vorgegaukelt habe. Ob es nicht „unredlich“ sei, „Goethe-

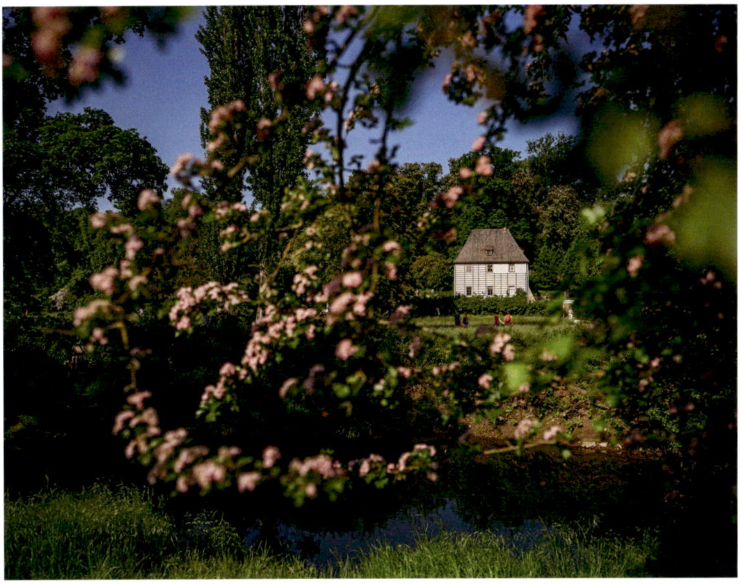

Abb. 9 | Blick über die Ilm auf Goethes Gartenhaus

umwelt zu rekonstruieren, die es nicht gegeben hat“, formulierte sie die Gegenfrage. Und schließlich: Dass Goethe „Bömmelchengardinen gehabt hätte, ist einfach unvorstellbar“.

Bei der darauffolgenden Inszenierung von Ernst-Gerhard Güse und Margarete Oppel, die seit 2005 zu sehen ist, ging es wieder um „Verlebendigung“, insbesondere von Goethes ersten Jahren im Gartenhaus. Bücher, Küchenutensilien, Vorhänge und selbst die Bömmelchen kehrten zurück.

Durch Objekte erzeugte Atmosphäre und Anschaulichkeit oder historische Präzision und Fantasie: Was dem Haus und seinen Gästen besser gerecht wird, darüber geraten wahrscheinlich auch kommende Generationen in Streit. Das wäre jedenfalls zu hoffen, denn es würde heißen, dass ihnen dieser Ort noch etwas bedeutet (Abb. 9). Was auch immer gezeigt wird: Es sind Interpretationen. Das bewohnte Haus, das schon Goethe selbst zeitlebens veränderte, ist nicht mehr zu haben.

Goethe sah die Frage der Authentizität übrigens gelassen. Schon zu Lebzeiten zeigte man in Rom ein Haus, in dem er nie gewohnt hatte, als ehemaligen Wohnort, und er befand: „Aber es tut nichts, solche Dinge sind im Grunde gleichgültig, und man muss der Tradition ihren Lauf lassen.“

PL

GESCHICHTE DES GARTENHAUSES IM ÜBERBLICK

um 1600 Ein kleines Weinberghaus wird in regional üblicher Bauart errichtet. Es ist als südlicher Teil des heutigen Gebäudes erhalten. Die wechselnden Besitzer lassen sich bis 1635 zurückverfolgen.

nach 1695 Im Zuge baulicher Veränderungen wird das Haus bis zur jetzigen Grundfläche erweitert und erhält das steile Walmdach mit der Holzschindeldeckung.

1775 Grundstück und Haus werden öffentlich zur Versteigerung ausgeschrieben. Mit 600 Talern finanziert Herzog Carl August den Erwerb für Goethe, den er mit diesem Geschenk an Weimar binden will.

21.4.1776 Goethe nimmt das Haus offiziell in Besitz und erlangt damit auch das Weimarer Bürgerrecht.

1776–1778 Nach Goethes Plänen wird das vernachlässigte Anwesen umfangreich instandgesetzt und neugestaltet. An der Südseite des Hauses entsteht ein Altan. Auch der Garten wird neu angelegt. Für die Kosten kommt wie schon beim Kauf der Herzog auf.

18.5.1776 Noch während der Bauarbeiten übernachtet Goethe zum ersten Mal im Gartenhaus.

5.4.1777 Am Ende der Malvenallee im Garten lässt Goethe den *Stein des guten Glücks*, eines der ersten abstrakten Denkmäler Deutschlands, aufstellen.

1782 Die Inschrifttafel mit dem Charlotte von Stein gewidmeten Epigramm „Hier gedachte still ein Liebender seiner Geliebten“ wird am oberen Wiesenhang hinter dem Gartenhaus angebracht.

1782 Goethe zieht in das Haus am Frauenplan um, nutzt das Gartenhaus jedoch weiterhin als Rückzugs- und Arbeitsort. Gelegentlich wird das Haus Freunden überlassen oder vermietet.

1797 Der Altan wird abgerissen.

1820–1821 Goethe lässt das Gartenhaus erneut renovieren und einrichten. Er hält sich wieder häufiger hier auf.

1830 In Goethes Auftrag werden zwei weiße von Clemens Wenzeslaus Coudray gestaltete Gartentore angebracht sowie Haus- und Toreingang mit Mosaiken nach pompejanischem Vorbild gepflastert.

20.2.1832 Letzter Besuch Goethes im Gartenhaus.

1832 Nach Goethes Tod verwalten seine Schwiegertochter Ottilie, später seine Enkel das Grundstück.

ab 1841 Interessierte Gäste können das Gartenhaus auf Anfrage besichtigen. Es gewinnt zunehmend als ‚Wallfahrtsort' für Goethe-Verehrer an Bedeutung, da die Enkel das Wohnhaus am Frauenplan verschlossen halten.

1885 Das Gartenhaus wird testamentarisch dem Krongut vermacht.

1922 Gartenhaus, Wittumspalais und Schloss Tiefurt werden dem Goethe-Nationalmuseum angegliedert.

1923–1924 Die Fenster und Türen, das Spalier sowie der Gartenzaun erhalten einen neuen Anstrich.

ab 1925 Die museale Präsentation soll die ersten Jahre, in denen Goethe im Gartenhaus wohnte, veranschaulichen. Da die Erstausstattung nicht vollständig rekonstruierbar ist, wird auch inszeniert.

16.8.1940 Drei Bomben hinterlassen große Krater im Garten. Das Haus bleibt, mit Ausnahme mehrerer zerbrochener Fensterscheiben, intakt.

1945 Bombeneinschläge in unmittelbarer Nähe erschüttern die Statik des Gebäudes.

1954 Die 1953 gegründeten Nationalen Forschungs- und Gedenkstätten der klassischen deutschen Literatur in Weimar übernehmen das Gartenhaus.

1955 Die Innenräume werden neu verputzt und entsprechend der Rechnungen von 1820 farblich gefasst.

1961 Eine Wasserleitung von der Straße „Am Horn" zum Gartenhaus wird verlegt.

1963–1964 Zunehmende Rissbildungen sowie die Überbelastung des Gebäudes durch hohe Besucherzahlen erfordern eine Grundsanierung des Hauses mit erheblichen Eingriffen in die Substanz. So wird das Fundament der Nordwestecke unterfahren und erneuert. Balken und Mauerwerk werden saniert, das Dach- und Giebelgesims erneuert. Das Schindeldach erhält eine neue Deckung.

1995–1996 Das Haus wird umfassend saniert und restauriert. Die Innenräume gestaltet man nach der am besten belegbaren Fassung aus dem Jahr 1820 und reduziert die Ausstattung auf wenige für die Goethezeit belegte Stücke.

1998 Goethes Gartenhaus wird als Teil des Ensembles „Klassisches Weimar" zur UNESCO-Welterbestätte.

1999 Eine maßstabgetreue Kopie des Gartenhauses steht im Rahmen des Kulturstadtjahres in Sichtweite zum Original auf der Parkwiese.

2003 Die Inschrifttafel von 1782 wird erneuert.

2005 Die Einrichtung im Gartenhaus wird überarbeitet und durch goethezeitliches Mobiliar, zum Teil Nachbauten der originalen Möbel, ergänzt; auch die Küche stattet man entsprechend aus.

2006–2007 Das Dach wird instandgesetzt und mit Lärchenholzschindeln neu eingedeckt.

2013–2015 Historische Wege und Platzflächen um das Haus werden wiederhergestellt.

2023 Der Empfangsbereich im Gartenhaus wird neugestaltet.

LITERATUR

Ahrendt, Dorothee; Aepfler, Gertraud: Goethes Gärten in Weimar. Leipzig 1994.

Biedermann, Woldemar v. (Hg.): Goethes Gespräche. Leipzig 1889–1896.

Bode, Wilhelm: Goethes Leben im Garten am Stern. Berlin 1909.

Bosse, Anke: Chinesisch-deutsche Jahres- und Tageszeiten. In: Interpretationen. Gedichte von Johann Wolfgang Goethe. Hg. v. Bernd Witte. Stuttgart 2009, S. 25–280.

Burkhardt, Friedrich: Goethes „Chinesisch-Deutsche Jahres- und Tageszeiten". Eine Ergänzung zur Entdeckung des biographischen Hintergrundes durch Wolfgang Preisendanz. In: Jahrbuch der deutschen Schillergesellschaft 13 (1969), S. 180–195.

Debon, Günther: China zu Gast in Weimar. 18 Studien und Streiflichter. Heidelberg 1994.

Detering, Heinrich; Tan, Yuan: Goethe und die chinesischen Fräulein. Göttingen 2018.

Eckermann, Johann Peter: Gespräche mit Goethe in den letzten Jahren seines Lebens. Hg. v. Heinz Schlaffer. München, Wien 1986.

Eckhardt, Dieter; Hecht, Wolfgang: Johann Wolfgang Goethe. Thüringer Zeichnungen. Aus den Beständen des Goethe Nationalmuseums. Ausst.-Kat. Weimar 1982.

Femmel, Gerhard: Corpus der Goethezeichnungen. Bd. 1: Von den Anfängen bis zur Italienischen Reise 1786. Weimar 1958.

Goethe, Johann Wolfgang: Briefe. Historisch-kritische Ausgabe. In Verb. mit der Sächsischen Akademie der Wissenschaften zu Leipzig und der Mainzer Akademie der Wissenschaften und der Literatur im Auftrag der Klassik Stiftung Weimar hg. v. Frieder v. Ammon, Jutta Eckle, Yvonne Pietsch u. Elke Richter, begr. v. Georg Kurscheidt, Norbert Oellers u. Elke Richter. Berlin 2008 91 ff.

Goethe, Johann Wolfgang: Tagebücher. Historisch-kritische Ausgabe. Im Auftrag der Stiftung Weimarer Klassik hg. v. Jochen Golz unter Mitarb. v. Wolfgang Albrecht, Andreas Döhler u. Edith Zehm; ab 2014 hg. v. Goethe- und Schiller-Archiv. Stuttgart, Weimar 1998 ff.

Goethe. Die Schriften zur Naturwissenschaft. Im Auftr. der Deutschen Akademie der Naturforscher Leopoldina begr. v. Karl Lothar Wolf, Wilhelm Troll. Hg. v. Dorothea Kuhn, Wolf von Engelhardt, Irmgard Müller u. a. Weimar 1947–2019.

Goethes Werke. Hg. im Auftrage der Großherzogin Sophie von Sachsen. Weimar 1887–1919.

Goethe, Johann Wolfgang: Sämtliche Werke nach Epochen seines Schaffens. Hg. v. Karl Richter in Zusammenarb. mit HerbertG. Göpfert. München, Wien 1985–1998 (Münchner Ausgabe). Bd. 2, Erstes Weimarer Jahrzehnt, hg. v. Harmut Reinhardt, München-Wien 1987.

Grave, Johannes: Der „ideale Kunstkörper". Johann Wolfgang Goethe als Sammler von Druckgraphiken und Zeichnungen. Göttingen 2006.

Güse, Ernst-Gerhard; Oppel, Margarete (Hg.): Goethes Gartenhaus. Weimar 2008.

Kahl, Paul: Die Erfindung des Dichterhauses. Das Goethe-Nationalmuseum in Weimar. Eine Kulturgeschichte. Göttingen 2015.

Kahl, Paul; Kalvelage, Hendrik (Hg.): Das Goethe-Nationalmuseum in Weimar. 2 Bde. Göttingen 2015–2019.

Lee, Meredith: Goethes Chinesisch-Deutsche Jahres- und Tageszeiten. In: Goethe und China – China und Goethe. Bericht des Heidelberger Symposiums. Hg. v. Günther Debon u. Adrian Hsia. Bern, Frankfurt a. M., New York 1985, S. 37–50.

Leisewitz, Johann Anton: Tagebücher. Nach den Handschriften hg. v. Heinrich Mack u. Johannes Lochner. 2 Bde. Hildesheim, New York 1976.

Lübbe-Grothues, Grete: Goethes letzter Lyrikzyklus. Eine Interpretation. Weimar 1996.

Maisack, Petra: „ein Paar Blicke in die freye Welt!“. Zu Goethes Reise-Zeichnungen. In: Goethe-Jahrbuch 120 (2003), S. 123–143.

Merck, Johann Heinrich: Briefwechsel. Hg. v. Ulrike Leuschner in Verb. mit Julia Bohnengel, Yvonne Hoffmann u. Amélie Krebs. 5 Bde. Göttingen 2007.

Pestalozzi, Karl: Goethes Darstellung des Alters im Gedichtzyklus Chinesisch-Deutsche Tages- und Jahreszeiten. In: Jahrbuch für Literatur und Psychoanalyse. Freiburger Literaturpsychologische Gespräche 29 (2011), S. 219–237.

Preisendanz, Wolfgang: Goethes „Chinesisch-Deutsche Jahres- und Tageszeiten“. In: Jahrbuch der deutschen Schiller-Gesellschaft 8 (1964), S. 137–152.

Richter, Karl: Poesie und Naturwissenschaft in Goethes Altersgedichten. Göttingen 2016.

Stört, Diana; in Zusammenarb. mit Popov-Sellinat, Katharina: Goethes Sammlungsschränke. Wissensbehältnisse nach Maß. Dresden 2020.

Ulm Sanford, Gerlinde (Hg.): Goethes Briefwechsel mit seinem Sohn August. Weimar 2005.

Wahl, Hans: Goethes Gartenhaus. Leipzig [1927].

BILDNACHWEIS

S. 46, Abb. 5: Digitalisat der Universitätsbibliothek der Technischen Universität Berlin
S. 52, Abb. 9, S. 81: © Landesarchiv Thüringen – Hauptstaatsarchiv Weimar
S. 79, Abb. 9: © Hamburger Kunsthalle/bpk, Foto: Elke Walford

Alle anderen Abbildungen © Klassik Stiftung Weimar mit Fotos von
Hannes Bertram (Titelbild, S. 2, S. 10–15, S. 18–23, S. 53, Abb. 10, S. 91, Abb. 3)
Constantin Beyer (S. 29, Abb. 5)
Alexander Burzik (S. 16 f., S. 24 f., S. 47, Abb. 6)
Roland Dreßler (S. 128, Abb. 7)
Sigrid Geske (S. 61, Abb. 5)
Jens Hauspurg (S. 36, Abb. 9, S. 38, Abb. 11)
Thomas Müller (S. 89, Abb. 1)
Ernst Schäfer (S. 127, Abb. 6)
Gordon Welters (S. 27, Abb. 3, S. 39, Abb. 12, S. 131, Abb. 9)

Goethes Gartenhaus
Herausgegeben von der Klassik Stiftung Weimar

Konzept: Boris Roman Gibhardt
Auswahl der Goethe-Texte und Kommentierung: Ira Klinkenbusch, Nanny Schedler
Redaktion: Boris Roman Gibhardt, Angela Jahn, Ira Klinkenbusch
Bildrecherche: Boris Roman Gibhardt, Nanny Schedler
Lektorat: Angela Jahn
Fotothek und Digitalisierung: Hannes Bertram, Susanne Fenske, Susanne Marschall, Cornelia Vogt
Chronik: Anne Schneider, Laura Stieg

Autorinnen und Autoren:
Jutta Eckle (JE)
Boris Roman Gibhardt (BRG)
Ariane Ludwig (AL)
Petra Lutz (PL)
Christoph Orth (CO)
Elke Richter (ER)
Alexander Rosenbaum (AR)
Thomas Schmuck (TS)
Angelika Schneider (AS)
Diana Stört (DS)

Umschlaggestaltung, Layout und Satz: Andreas Koch, Bielefeld
Druck und Bindung: Grafisches Centrum Cuno, Calbe

Die Deutsche Nationalbibliothek verzeichnet diese Publikation in der Deutschen Nationalbibliografie; detaillierte bibliografische Daten sind im Internet über http://dnb.dnb.de abrufbar.

Ein Verlag der Walter de Gruyter GmbH Berlin Boston
www.deutscherkunstverlag.de
www.degruyter.com

ISBN 978-3-422-80096-0

Reihe „Im Fokus“
Herausgegeben von der Klassik Stiftung Weimar

Konzept: Gerrit Brüning
Umsetzung: Daniel Clemens

Die Klassik Stiftung Weimar wird gefördert von der Beauftragten der Bundesregierung für Kultur und Medien aufgrund eines Beschlusses des Deutschen Bundestages sowie dem Freistaat Thüringen und der Stadt Weimar.

Die Beauftragte der Bundesregierung für Kultur und Medien

Freistaat Thüringen Staatskanzlei

weimar Kulturstadt Europas